研究生经济学系列教材 | 丛书主编 肖德

应用计量经济学讲义

刘和旺　杨弘　邵勖　李楠　主编

WUHAN UNIVERSITY PRESS
武汉大学出版社

图书在版编目(CIP)数据

应用计量经济学讲义/刘和旺等主编 . —武汉:武汉大学出版社,2022.12
研究生经济学系列教材/肖德主编
ISBN 978-7-307-23380-5

Ⅰ.应…　Ⅱ.刘…　Ⅲ.计量经济学—研究生—教材　Ⅳ.F224.0

中国版本图书馆 CIP 数据核字(2022)第 195718 号

责任编辑:范绪泉　　　责任校对:李孟潇　　　整体设计:韩闻锦

出版发行:**武汉大学出版社**　　(430072　武昌　珞珈山)
　　　　　(电子邮箱:cbs22@ whu.edu.cn 网址:www.wdp.com.cn)
印刷:武汉图物印刷有限公司
开本:787×1092　1/16　印张:8.25　字数:193 千字　插页:1
版次:2022 年 12 月第 1 版　　2022 年 12 月第 1 次印刷
ISBN 978-7-307-23380-5　　　定价:39.00 元

总　序

　　湖北大学是湖北省人民政府与教育部共建的省属重点综合性大学，也是湖北省"国内一流大学建设高校"。湖北大学理论经济学博士点结合学校、学科特色优势和"双一流"建设要求，组织相关学科专业学者编著了这套"研究生经济学系列教材"。该套系列教材包括《高级宏观经济学讲义》《高级微观经济学讲义》《应用计量经济学讲义》，共 3 册。

　　该套系列教材针对目前国内地方综合性高校研究生生源起点不同、不同层次教材未能有效衔接、国外教材适用性不强的问题，在保持相对一致的风格和体例的基础上，力求吸收国内外同类教材的优点，在注重系统性和综合性的同时，也注重基础性和应用性，培养学生的综合素质，以满足地方综合性大学高等院校培养本科和研究生经管人才的需要。

　　该套系列教材撰写和出版先后得到"2018 年荆楚卓越人才协同育人计划""湖北省理论经济学课程建设项目""2020 年度湖北大学《新文科背景下经济类硕士研究生拔尖创新人才培养模研究》项目"、2021 年度湖北大学高水平研究生教材《应用计量经济学讲义》项目和《高级宏观经济学讲义》项目的资助。

肖　德

序

本书是"2018 年荆楚卓越人才协同育人计划""湖北省理论经济学课程建设项目""2021 年度湖北大学高水平研究生教材《应用计量经济学讲义》建设项目"成果之一。

《应用计量经济学讲义》是为研究生设计的应用计量经济学课程的教材。作为现代经济管理学科实证研究能力的一项基本训练，本教材以应用为导向，注重计量经济理论与应用的关联性，一定程度上关注了学科前沿，从具体应用出发引入所需的理论与方法，对抽象的假设与理论对应用的指导给予详细的解释，并辅以比较典型的实例。本教材以内生性问题及其解决方法来组织各章节的内容，强调因果关系识别和机制检验，力图简明扼要地阐释应用计量经济学理论、方法与应用，力图提高学生实证研究的能力。

本书编写分工大致如下：刘和旺撰写第六、第十章并对全书修纂定稿；杨弘撰写第一、第二章；邵勘撰写第三、第五、第九章；李楠撰写第四、第七、第八章。

目　　录

第一章　反事实因果分析框架

在经济学研究中，我们最关心的就是经济变量之间的因果关系。关于因果关系的研究，主要分为两个方向。一个是以问题为导向，看到结果后，寻找结果背后的原因，即分析"结果的原因"。这类研究一般是科学研究的起点，但形成结果的原因是错综复杂的。一个结果可能是由多重原因共同作用而形成的，因此这个方向做起来是很困难的。另一个方向是不以问题为导向，而是以原因为导向，重点研究这个原因能不能影响某一个问题（或结果），如果能影响，影响力有多大。研究者可以采用多样的设计，尽可能控制其他混淆因素的影响。这样的研究方向称为"原因的结果"。比如，读研究生对收入有什么样的影响？助学金是否可以增加贫困大学生的升学率？吃药是否缩短感冒的病程？大学生扩招是否增加了就业难度？限购政策是否抑制了房价的上涨？这些问题的研究范式都属于"原因的结果"。目前来说，"原因的结果"这个研究范式正在科研中日渐兴起，甚至在一定程度上超越了传统的以"结果的原因"为思路的研究。

第一节　因果推断简史

因果的讨论最早来源于哲学领域，但直到统计学领域出现因果概念，才使因果关系变得有实操性。Fisher(1935)提出随机化实验是因果推断的基础。20世纪40年代，挪威经济学者 Trygve Magnus Haavelmo 在论文中使用了与反事实概念相类似的表述，但这表述从严格意义上来说还算不上对反事实的准确定义。20世纪70年代，Rubin 在一系列论文中，重新独立提出了潜在结果的概念，构造出适用于随机化实验和观测研究的基本分析框架，我们现在把这个框架称为"Rubin 因果模型"。进入20世纪90年代后，美国斯坦福大学计量经济学家 Guido Imbens 和麻省理工学院劳动经济学家 Angrist 开始将"Rubin 因果模型"引入经济学。Rubin 和 Imbens(2015)合著的《统计学、社会科学及生物医学领域中的因果推理导论》(*Causal Inference for Statistics, Social and Biomedical Sciences, An Introduction*)出版，以他们多年来在哈佛大学经济学院的课堂讲义为基础编写而成，一出版即被誉为"因果推理"领域最经典的教科书。

因果推理在经济学领域的历史其实并不长，原因主要是流行病学和生物统计学可以进行"临床试验"等实验，但是经济学等社会科学领域则很难组织实验。以人类为对象的实验除了资金和伦理方面的问题之外，大多还会伴随政治层面的难题。这些因素使得因果推理一直无法在经济学领域得到普及。然而，进入21世纪以后，经济学领域出现了一些新动向。芝加哥大学的实验经济学家 John A. List 以及由发展经济学家们组成的麻省理工学院扶贫实验室(J-PAL)的学者们克服重重障碍，开始进行大规模社会实验。扶贫实验室堪

1

称"实施随机对照试验"的专业组织，所有研究均采用随机对照试验。他们以"把易受政治风向左右的政策变为有理有据的政策"为目标，成功提高了随机对照试验的地位使其成为"政策评估的理想方式"。在经济学中，根据因果推理来评估政策效果的研究领域称为"政策评估"，近年来该领域正在快速形成体系。

第二节　因果关系的定义

这一节从一个例子谈起，给出因果关系的定义。大家一般认为：读大学对收入是有积极影响的。这个例子中，实际上是否读大学和收入之间确定了一种因果关系。但是我们如何能够确认这一点呢？为什么接受大学教育就能让收入更高呢？为了回答这些问题，我们通常会用身边知道的人举例子来说明读大学的好处。比如，一个人读了职高进入社会，现在收入微薄、工作辛苦；但另一个人读了本科，进入专业公司，年薪非常可观。用这种举例子的方法带来的问题是：这些个例能代表"你"的情况吗？如果"你"当年不进行深造，会是一个什么情况呢？会和这个只读职高的人结果一样吗？这个问题其实是不能回答的，因为这是一个假设的问题，实际没有发生。如果没有读大学，"你"这个个体会有很多种状态。也许"你"直接进入社会，创业成功，拥有自己的公司，比读大学后所取得的成就更大；也许"你"真的和读职高的人一样做着辛苦且收入微薄的工作。在这里，为了更严谨地讨论因果关系，我们来定义一下反事实的概念。在上面的例子中，对于读过大学的个体来说，大学毕业后的收入情况就是一个事实状态，而反事实状态是自变量取值为现实生活没有发生的状态下，因变量的取值。事实状态和反事实状态的差异，就说明自变量对因变量因果影响的效果。

如果在上例中引入处理变量 D，处理变量 $D=1$ 表示上大学，$D=0$ 表示不上大学，因变量 Y 的取值即是处理变量 D 的函数。对不上大学的个体 i 来讲，只能观测到他的 $Y_i(0)$ 值，而 $Y_i(1)$ 的值是不能观测到的，是一个反事实的状态；对上大学的个体 j 来讲，只能观测到他的 $Y_j(1)$ 值，而 $Y_j(0)$ 的值是不能观测到的，是一个反事实的状态。很显然，这两个值不能同时观测到，即这两种反事实状态并不能直接观测到。这被称为"因果推断的根本性问题"。这里最大的问题是我们无法直接计算个体之间的因果关系，现实中我们对这类问题的一般处理方法是把研究对象选为高考前各方面(比如成绩、性别、区域、户籍等因素)很接近的同学，这些人中有一些人考上了大学，另一部分人由于各种各样的原因，比如生病、迟到、车祸等，而没有考上大学。把高考前条件非常相似的人在 4 年后进行对比，如果这两类人收入没有显著差异，我们就能得到读大学不能提高收入的结论；如果这两类人收入有显著的区别，我们就能得到读大学可以显著提高收入的结论。

因果关系分类具体而言有三种估计量。第一种是 ATT(average treatment effect for the treated)，即实验组平均因果处理效应。在研究对象中挑出已经上了大学的个体，用他们的实际收入减去如果没有上大学时该个体的反事实收入，把这些差值求和取平均值，从而知道上大学对于这些个体的收入影响。第二种是 ATU(average treatment effect for the untreated)，即控制组平均因果处理效应。在研究对象中挑出没有上大学的个体，用如果上大学后该个体的反事实收入减去他们的实际收入，把这些差值求和取平均值，从而知道上大学对于"没有上大学"的这些个体的收入影响。第三种是 ATE（average treatment effect），即平均因果处理效应。它就是在 ATT 和 ATU 之间做一个加权平均，比如 ATT 和 ATU 权重可以分别取为处理变量 $D=1$ 这部分人占总人口的比例和处理变量 $D=0$ 这部分人占总人口的比例。

对于大多数研究来说，ATT 比 ATU 要重要。因为 ATT 研究的是接受了处理变量影响的个体，而 ATU 研究的是没有接受处理变量影响的个体。因此，在社会科学研究中，ATT 可以反映某项政策的效果。

第三节　辛普森悖论

在现实生活中，我们大都可以观测到各种变量之间的相关性，但是，尽管因果关系必定造成相关关系，而相关关系却不一定反映因果关系。如果不注意把相关关系和因果关系加以区分，可能会得到错误的结论，从而做出错误的决策。"辛普森悖论"（Simpson's Paradox）就非常清晰地说明了区分相关关系和因果关系是十分必要的。当人们尝试探究两种变量是否具有相关性的时候，会分别对之进行分组研究。然而，在分组比较中都占优势的一方，在总评中有时反而是失势的一方。该现象于 20 世纪初就有人讨论，但一直到 1951 年，E. H. 辛普森在他发表的论文中阐述此一现象后，该现象才算正式被描述解释。后来就以他的名字命名此悖论，即"辛普森悖论"。

现在我们来举一个简单的例子。假设我们要研究性别对申请研究生的录取率有无显著影响。数据里有两组人：学生来自商学院组和学生来自法学院组，每组里面都有男性和女性。假设观测到的数据如表 1.1 所示。

表 1.1　　　　　　　　　　　　　　　　辛普森悖论数据

学院	女生			男生		
	申请人数	录取数	录取率	申请人数	录取数	录取率
商学院	200	98	49%	40	30	75%
法学院	40	2	5%	200	20	10%
合计	240	100	42%	240	50	21%

大家可以看到，从总体上看，女生的录取率比较高，是 42%；而男生的录取率比较低，是 21%。女生的录取率是男生的 2 倍，因此很多人会觉得现在女生比男生普遍来讲更努力，所以录取率就更高。但按照学院划分以后，每个学院中均是男生的录取率更高。那为什么分学院统计男生录取率更高？而总体统计女生录取率更高呢？这很可能是因为性别并非是录取率高低的唯一因素，甚至可能是毫无影响的，至于在法商学院中出现的比率差可能是属于随机事件，又或者是其他因素作用，譬如学生入学成绩刚好出现这种录取比例，使人牵强地误认为性别对录取率具有因果效应。

第四节　选择偏差和因果效应识别

我们前面讲到过，两个有因果关系的变量一定会有相关性，但是两个相关的变量不一定有因果关系。引起两个变量相关性的情形一般有三种：一是两个变量之间确实有因果关系；二是两个变量之间没有因果关系，但是它们却有一个共同的原因；三是两个变量之间没有因果关系，但是以它们的共同结果为条件。因此，在利用数据分析变量之间的因果关系时，我们需要弄清楚变量之间的相关性是真的因果关系呢，还是由于共同原因或以共同结果为条件而造成的相关性。

下面我们来解释一下两个变量之间没有因果关系，为什么它们之间有共同原因或以共同结果为条件就会造成两个变量相关呢？比如我们要研究随身携带打火机对患肺癌的影响。变量 X 表示是否有随身携带打火机的习惯，变量 Y 表示是否患肺癌，变量 M 表示是否抽烟。一般我们会认为，抽烟会增加个体随身携带打火机的概率，与此同时抽烟也会增加个体患肺癌的概率，也就是说变量 M 是变量 X 和 Y 的共同原因，但显然，变量 X 与变量 Y 之间是相互独立的。但很可惜，由于变量 M 的存在，使得变量 X 和 Y 在数据上就会呈现很高的相关性，而我们知道这种相关性不是真正的因果关系，而只是由共同的原因引起的。另一种情况我们也用一个例子来说明。变量 X 表示是否中枪，变量 Y 表示是否患肺癌，变量 M 表示是否死亡。很显然，变量 X 与变量 Y 之间没有直接的因果关系，但中枪和患肺癌都会决定是否死亡，也就是说两个变量有一个共同的结果。当变量 M 为否时，中枪状态和患肺癌状态就都为否，这时变量 X 和 Y 呈现正相关，这意味着在活着的人这群样本中，两个变量是相关的。这就是由于有共同结果作为条件而引起的相关性。

为了更清晰地说明变量之间的关系，Pearl(1995，2009)提出了因果图方法，模型变量之间的关系可以更直接地用图形表示出来。因果图包含点和箭头，点是变量，箭头表示两个变量之间具有因果关系。两个变量之间没有箭头连接的话，表示两个变量之间没有因果关系，是相互独立的。最简单的因果图如图 1.1 所示，$X{\rightarrow}Y$ 为因果路径。

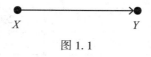

图 1.1

如果出现如图 1.2 所示的因果图：

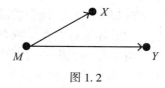

图 1.2

由变量 M 出发，有两个箭头分别指向 X 和 Y，我们就称 M 是变量 X 和 Y 的共同原因，

M 称为 X 影响 Y 的混杂因素。$X \leftarrow M \rightarrow Y$ 为混杂路径。

如果因果图中 M 和 X 都有箭头指向 Y，那说明 Y 是 M 和 X 的共同结果。$X \rightarrow Y \leftarrow M$ 为对撞路径。见图 1.3。

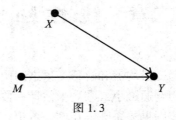

图 1.3

我们定义：由共同原因造成的相关性称为混杂偏差（confounding bias），由以共同结果为条件造成的相关性称为样本选择偏差（sample selection bias），这两种偏差统称为选择偏差。我们实证的关键就是消除这些偏差，识别出真正的因果关系。

除了我们以前本科学的线性回归法以外，这些出现选择偏差的模型又应该用什么方法来估计参数，以期得到真正的因果关系呢？在后面的章节，我们将对这些方法的用法和适用范围进行详细讲解。

第二章 线性回归

回归分析是一种寻求被解释变量均值和解释变量之间函数关系的数学方法。在本科我们学过，线性回归模型一般适用普通最小二乘法来估计参数，那这样求得的线性回归模型是不是就反映了变量之间的真实因果关系呢？在这一章中，我们要弄清楚的核心知识点就是线性回归模型需要满足什么样的条件，利用普通最小二乘法算出的系数才能反映解释变量和被解释变量之间的因果关系。

第一节 条件期望函数、线性回归与因果效应

一、被解释变量、解释变量和随机扰动项

我们用一个具体的例子来讲解线性回归模型和因果推断之间的关系。假设我们要研究的问题是受教育程度（X_1）对工资（Y）的因果影响。模型中还引入变量员工的级别（X_2），其中受教育程度和员工的级别都是可以观测到的数据。一般来说，受教育程度和工资是正相关的，受教育程度越高，工资也是越高的；与此同时，员工的级别也是和工资有密切关系的，级别越高的员工工资也越高。需要注意的是，这里的两个解释变量之间也是相关的，受教育程度越高的个体倾向于有更高的级别，而更高的级别更可能产生于高学历个体。我们还需要设立一个随机扰动项 u，来描述其他无法观测但会实际影响工资的变量。把以上变量之间的因果关系用线性回归模型写出来，形式如下：

$$Y = \beta_0 + \beta_1 X_1 + \beta_2 X_2 + u$$

我们希望能够识别出受教育程度对工资的因果影响系数 β_1。由于扰动项 u 是不可观测的，因此我们即使能够获得受教育程度、员工级别和工资这三个变量的数据，我们也只能得到变量之间的相关关系，而不能确定受教育程度对工资的因果影响系数 β_1 到底是多少，因为受教育程度对工资的影响除了自己的直接影响，还有可能由随机扰动项带来间接影响。比如个人能力如果作为一个变量的话，显然个人能力和受教育程度具有正相关性，个人能力强的人一般学习的能力也强，会取得比较高的学历，而且个人能力强的人工资也较高，这就是说个人能力这个变量既影响受教育程度，又同时影响工资，受教育程度和工资之间的正相关性可能是由于个人能力造成的，而不是反映两个变量之间实际的因果关系。用前面已经学过的术语来说，个人能力是混杂因素，模型存在混杂偏差。

我们可以看到，如果随机扰动项中含有对解释变量和被解释变量都有关的变量，那即使控制了模型中的变量 X_2，X_1 到 Y 的影响路径仍然有两种：$X_1 \rightarrow Y$，$X_1 \leftarrow u \rightarrow Y$，在这种情况下，我们无法识别受教育程度对工资的因果影响系数 β_1。很明显，要想把 β_1 识别出

来，这条混杂路径就应该被截断，让它不能成立，那这在线性回归模型中对应地需要什么条件呢？如果受教育程度 X_1 的变化与随机扰动项 u 是无关的，那么这条混杂路径就不存在了，我们在控制了变量员工级别 X_2 后，就可以通过 X_1 和 Y 之间的相关性来确认两个变量之间的因果关系。

二、线性回归与条件期望函数

下面我们从条件期望函数的角度出发，推导、理解一下因果关系下条件期望函数和相关关系下条件期望函数的异同。

对线性回归模型 $Y = \beta_0 + \beta_1 X_1 + \beta_2 X_2 + u$ 两边取条件期望，有：

$$E(Y \mid X_1, \ X_2) = \beta_0 + \beta_1 X_1 + \beta_2 X_2 + E(u \mid X_1, \ X_2)$$

为了把混杂路径截断，识别出受教育程度对工资的因果影响，那就要要求随机误差项与解释变量之间是无关的。如果此假设成立，那么随机误差项条件均值独立于解释变量，即 $E(u \mid X_1, \ X_2) = c$，是一个常数。这个式子的含义是任意给定一组 X_1 和 X_2 的具体取值，随机误差项的期望保持不变，即个人能力的平均值都等于 c。这时，根据我们以前学的最小二乘法，就可以估计出系数 β_1 和 β_2，那两个系数是不是 X_1 对 Y、X_2 对 Y 的因果影响呢？让我们举例来说明。

对于同样 $X_2 = 10$ 的个体，当 X_1 从 16 增加到 17 时，由于 X_1 变化所导致的 Y 的均值变化为：

$$E(Y \mid X_1 = 17, \ X_2 = 10) - E(Y \mid X_1 = 16, \ X_2 = 10)$$
$$= \beta_0 + \beta_1 17 + \beta_2 10 + E(u \mid X_1 = 17, \ X_2 = 10) - $$
$$[\beta_0 + \beta_1 16 + \beta_2 10 + E(u \mid X_1 = 16, \ X_2 = 10)]$$
$$= \beta_1 + E(u \mid X_1 = 17, \ X_2 = 10) - E(u \mid X_1 = 16, \ X_2 = 10)$$

由于 $E(u \mid X_1, \ X_2) = c$，所以 $E(u \mid X_1 = 16, \ X_2 = 10)$ 和 $E(u \mid X_1 = 17, \ X_2 = 10)$ 是相等的，所以：$E(Y \mid X_1 = 17, \ X_2 = 10) - E(Y \mid X_1 = 16, \ X_2 = 10) = \beta_1$。

在这种情况下，Y 的均值的变化完全来源于 X_1 的变化，β_1 的意义确实代表了 X_1 对 Y 的因果影响。

对于同样 $X_1 = 16$ 的个体，当 X_2 从 10 增加到 11 时，由 X_2 变化所导致的 Y 的均值变化为：

$$E(Y \mid X_1 = 16, \ X_2 = 11) - E(Y \mid X_1 = 16, \ X_2 = 10)$$
$$= \beta_0 + \beta_1 16 + \beta_2 11 + E(u \mid X_1 = 16, \ X_2 = 11) - $$
$$[\beta_0 + \beta_1 16 + \beta_2 10 + E(u \mid X_1 = 16, \ X_2 = 10)]$$
$$= \beta_2 + E(u \mid X_1 = 16, \ X_2 = 11) - E(u \mid X_1 = 16, \ X_2 = 10)$$

由于 $E(u \mid X_1, \ X_2) = c$，所以 $E(u \mid X_1 = 16, \ X_2 = 11)$ 和 $E(u \mid X_1 = 16, \ X_2 = 10)$ 是相等的，所以：$E(Y \mid X_1 = 16, \ X_2 = 11) - E(Y \mid X_1 = 16, \ X_2 = 10) = \beta_2$。

在这种情况下，Y 的均值的变化完全来源于 X_2 的变化，β_2 的意义确实代表了 X_2 对 Y 的因果影响。

通过分析，我们可以看到在随机误差项条件均值独立于解释变量的前提下，线性回归模型中，系数 β_1 的含义是当 X_2 保持不变时，Y 的均值随 X_1 的变化；系数 β_2 的含义是当 X_1 保持不变时，Y 的均值随 X_2 的变化，即 β_1 和 β_2 分别给出了 X_1 和 X_2 对 Y 的均值的因果影响。

总结来说，要想系数反映真实的因果关系，必须满足两个条件：

模型是线性的；

随机误差项的条件均值是一个常数。

说到这里，同学们可能会觉得奇怪，我们在本科学的经典计量经济学课程里关于随机误差项的假设没有条件(2)，那怎么办呢？其实，在实际操作中，对这个常数我们把它合并到常数项 β_0 中即可，这样条件就可以变为 $E(u|X_1, X_2) = 0$，即随机误差项的条件期望为 0，这恰好是我们经典假设的第一条。

如果随机误差项条件期望独立于解释变量这个假设不成立，那随机误差项将如何影响因果关系的估计呢？

还是用上面的例题来说明。如果模型的真实形式是：

$$Y = \beta_0 + \beta_1 X_1 + \beta_2 X_2 + u$$

但由于某种原因你认为正确的模型是：

$$Y = \alpha_0 + \alpha_1 X_1 + v$$

那么员工级别这个变量对工资的影响就并入了随机误差项 v，那 α_1 是不是表示 X_1 对 Y 的均值的因果影响呢？前面的分析已经告诉我们，β_1 表示 X_1 对 Y 的均值的因果影响，那 α_1 和 β_1 相等吗？下面我们通过一个路径图直观看一下 α_1 等于什么。本来的路径图如图 2.1 所示。

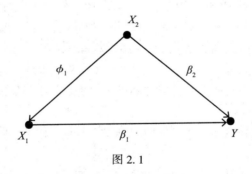

图 2.1

其中 ϕ_1 为 X_1 和 X_2 的相关系数。如果你认为路径图应该为 $X_1 \rightarrow Y$，那最后的结果就是：$\alpha_1 = \beta_1 + \beta_2 \phi_1$（这个结论可以严格证明）。我们可以看到，$\alpha_1$ 表示的是 X_1 和 Y 的相关性，它既包含了受教育程度对工资的因果影响 β_1，又包含了受教育程度与员工级别的相关性 ϕ_1 乘以员工级别对工资的因果影响 β_2。那么在这个时候，$E(Y|X_1) = \alpha_0 + \alpha_1 X_1$ 仅仅为相关关系条件期望，系数 α_1 也只是表示受教育程度和工资之间的相关程度。

最后，我们需要强调一点：利用最小二乘法计算出来的残差项和随机误差项是有区别的。最小二乘法只是估计系数取值的一种数学方法，这个方法本身不能保证你求得的系数一定表示变量之间的因果关系。另外，残差和解释变量不相关是作为估计条件用的，所以利用最小二乘法算出来的残差一定与解释变量不相关，但这并不能代表随机误差项一定与解释变量不相关，即随机误差项的条件期望独立于解释变量不一定成立。

第二节 多元线性回归系数含义的理解

在实际经济问题中，一个经济变量往往要受到多个因素的影响。在分析这类经济问题的时候，需要引入含有两个或两个以上解释变量的多元线性回归模型。

多元总体线性回归模型：$Y_i = \beta_0 + \beta_1 X_{1i} + \beta_2 X_{2i} + \cdots + \beta_k X_{ki} + u_i$

多元总体线性回归方程：$E(Y_i) = \beta_0 + \beta_1 X_{1i} + \beta_2 X_{2i} + \cdots + \beta_k X_{ki}$

给定解释变量 X_1，$\cdots$，X_k 的值时，Y 的期望值：$E(Y \mid X_1, X_2, \cdots, X_k)$

β_0 称为截距项，β_1，β_2，$\cdots$，β_k 称为偏回归系数，$\beta_i (i = 1, 2, \cdots, k)$ 度量在其他解释变量保持不变的情况下，X_i 每变化一个单位时，Y 的均值 $E(Y \mid X_1, X_2, \cdots, X_k)$ 的变化。

设 $(X_{1i}, X_{2i}, \cdots, X_{ki}; Y_i)$ 是对总体 $(X_1, X_2, \cdots, X_k; Y)$ 的 n 次独立样本观测值，代入总体回归模型就有一个线性方程组：

$$\begin{cases} Y_1 = \beta_0 + \beta_1 X_{11} + \beta_2 X_{21} + \cdots + \beta_k X_{k1} + u_1 \\ Y_2 = \beta_0 + \beta_1 X_{12} + \beta_2 X_{22} + \cdots + \beta_k X_{k2} + u_2 \\ \qquad\qquad\qquad \vdots \\ Y_n = \beta_0 + \beta_1 X_{1n} + \beta_2 X_{2n} + \cdots + \beta_k X_{kn} + u_n \end{cases}$$

写成矩阵语言是：$Y = X\beta + u$

$$\begin{pmatrix} Y_1 \\ Y_2 \\ \cdots \\ Y_n \end{pmatrix}_{(n \times 1)} = \begin{pmatrix} 1 & X_{11} & X_{21} & \cdots & X_{k1} \\ 1 & X_{12} & X_{22} & \cdots & X_{k2} \\ \cdots & \cdots & \cdots & \cdots & \cdots \\ 1 & X_{1n} & X_{2n} & \cdots & X_{kn} \end{pmatrix}_{n \times (k+1)} \begin{pmatrix} \beta_0 \\ \beta_1 \\ \cdots \\ \beta_k \end{pmatrix}_{(k+1) \times 1} + \begin{pmatrix} u_1 \\ u_2 \\ \cdots \\ u_n \end{pmatrix}_{(n \times 1)}$$

Y 是被解释变量观测值列向量；X 为数据矩阵；β 为待估计参数列向量；u 为随机误差项列向量。

介绍了多元线性回归模型的概念后，我们要从理论和直观上分析一下偏回归系数的含义。

一、理论分析

我们先从理论上分析。多元线性回归模型的定义告诉我们，模型里的待估参数叫偏回归系数，它度量着在其他解释变量保持不变的情况下，X_i 每变化一个单位时，Y 的均值 $E(Y \mid X_1, X_2, \cdots, X_k)$ 的变化。那怎么理解和做到其他解释变量保持不变呢？这个过程是分为两步来做的。有点类似两阶段最小二乘法。我们以估计 β_i 为例来讲解。

第一步，把 X_i 对所有的其他解释变量做回归，得到残差值。

$$X_i = \hat{\theta}_0 + \hat{\theta}_1 X_1 + \cdots + \hat{\theta}_{i-1} X_{i-1} + \hat{\theta}_{i+1} X_{i+1} + \cdots + \hat{\theta}_k X_k + \hat{\varepsilon}_i$$

这个回归模型假设满足经典条件，那么残差值 $\hat{\varepsilon}_i$ 表示解释变量 X_i 把其他解释变量对 X_i 的影响的那部分去掉后剩下的部分，$\hat{\varepsilon}_i$ 与 X_i 高度相关，却又与其他解释变量不相关。

第二步，把被解释变量 Y 对这个 $\hat{\varepsilon}_i$ 来做回归，$Y_i = \hat{\alpha}_0 + \hat{\gamma}_i \hat{\varepsilon}_i + v_i$，我们来看看这个 $\hat{\gamma}_i$ 等于什么？由最小二乘法的公式可得：

$$
\begin{aligned}
\hat{\gamma}_i &= \frac{\sum (\hat{\varepsilon}_i - \overline{\hat{\varepsilon}_i})(Y_i - \overline{Y})}{\sum (\hat{\varepsilon}_i - \overline{\hat{\varepsilon}_i})^2} = \frac{\mathrm{Cov}(Y, \hat{\varepsilon}_i)}{\mathrm{Var}(\hat{\varepsilon}_i)} \\[2mm]
&= \frac{\mathrm{Cov}(\hat{\beta}_0 + \hat{\beta}_1 X_1 + \hat{\beta}_2 X_2 + \cdots + \hat{\beta}_i X_i + \cdots + \hat{\beta}_k X_k + \hat{u}, \ \hat{\varepsilon}_i)}{\mathrm{Var}(\hat{\varepsilon}_i)} \\[2mm]
&= \frac{\hat{\beta}_i \mathrm{Cov}(X_i, \hat{\varepsilon}_i) + \mathrm{Cov}(\hat{u}, \hat{\varepsilon}_i)}{\mathrm{Var}(\hat{\varepsilon}_i)} \\[2mm]
&= \frac{\hat{\beta}_i \mathrm{Cov}(\hat{\theta}_0 + \hat{\theta}_1 X_1 + \cdots + \hat{\theta}_{i-1} X_{i-1} + \hat{\theta}_{i+1} X_{i+1} + \cdots + \hat{\theta}_k X_k + \hat{\varepsilon}_i, \ \hat{\varepsilon}_i) + \mathrm{Cov}(\hat{u}, \hat{\varepsilon}_i)}{\mathrm{Var}(\hat{\varepsilon}_i)} \\[2mm]
&= \frac{\hat{\beta}_i \mathrm{Var}(\hat{\varepsilon}_i) + \mathrm{Cov}(\hat{u}, \hat{\varepsilon}_i)}{\mathrm{Var}(\hat{\varepsilon}_i)} \\[2mm]
&= \hat{\beta}_i + \frac{\mathrm{Cov}(\hat{u}, \ X_i - \hat{\theta}_0 - \hat{\theta}_1 X_1 - \cdots - \hat{\theta}_{i-1} X_{i-1} - \hat{\theta}_{i+1} X_{i+1} - \cdots - \hat{\theta}_k X_k)}{\mathrm{Var}(\hat{\varepsilon}_i)} \\[2mm]
&= \hat{\beta}_i
\end{aligned}
$$

也就是说，多元回归模型的系数和上面两步的估计是完全一样的，所以在多元线性回归模型中，如果满足经典假定条件，β_i 度量的其实不是 X_i 与 Y 之间的因果关系，而是度量 X_i 中排除与其他解释变量相关的那部分后与 Y 之间的因果关系。如果需要更直观地解释，我们需要借助维恩图对上面工资的例子做一个简单的分析。

二、直观分析

（一）三个变量的变化两两都是相关的

如果工资、受教育程度、员工级别这三个变量两两都是相关的，那用韦恩图可表示如图 2.2。

工资 Y 和受教育程度 X_1 之间的交集是②和④，工资 Y 和员工级别 X_2 之间的交集是③和④，受教育程度 X_1 和员工级别 X_2 之间的交集是④和⑦，这些两两相交的部分就是两个变量共同变化的部分，表明两个变量之间存在一定程度的线性相关。如果我们直接用受教育程度 X_1 对工资 Y 做一元线性回归，则②和④的信息用来估计 X_1 对 Y 的影响，这样得出的系数就是前面的 α_1，只是反映了两个变量之间的相关关系。①和③的信息是 Y 的变化中与 X_1 无关的部分，即是回归残差项的变化。但是如果在多元模型中估计 X_1 对 Y 的影响，情况就会不一样。根据理论分析我们知道，多元线性回归模型中的偏回归系数在估计的过程中实际是把解释变量之间相关的那部分去掉了。在图 2.2 中，如果在多元线性回归

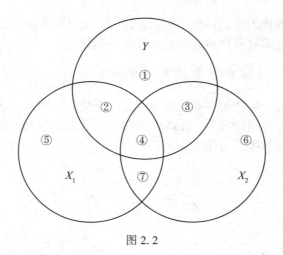

图 2.2

模型 $Y = \beta_0 + \beta_1 X_1 + \beta_2 X_2 + u$ 中回归，实际上就不是像一元线性回归模型那样利用②和④的信息来估计 X_1 对 Y 的影响，因为这个④的信息是两个解释变量共有的，是两个变量相关的部分，所以在多元线性回归模型中，我们只用②的信息来估计 X_1 对 Y 的影响，得到 β_1，反映的是 X_1 对 Y 的因果关系。同理可得，我们只用③的信息来估计 X_2 对 Y 的影响，得到 β_2，反映的是 X_2 对 Y 的因果关系。最后还有一个问题，那就是②的信息怎么求呢？首先，我们用受教育程度 X_1 对员工级别 X_2 做一元线性回归，则④和⑦的信息用来估计 X_1 对 X_2 的影响，这样得出的系数只是反映了两个变量之间的相关关系。②和⑤的信息是 X_1 的变化中与 X_2 无关的部分，即是回归残差项的变化。然后，我们把被解释变量 Y 对这个残差项做一元线性回归，就是把②、⑤和①、②、③、④这两个部分取交集，就恰好是②的这个部分。这个直观解释和上面理论分析的两步骤是完全吻合的。

值得注意的是，如果解释变量之间的相关性非常强（如图 2.3 所示），那么在这种情况下，能为两个一元回归提供信息的②和③部分，信息量很少，两个解释变量几乎总是一

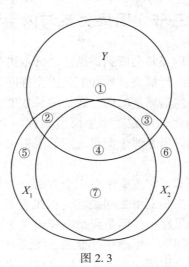

图 2.3

起变动，由于②和③提供的信息很少，所以 β_1 和 β_2 很可能在统计上不显著，这就是我们以前所说的两个变量之间具有严重的多重共线性的问题。

（二）解释变量与被解释变量相关且解释变量之间不相关

本科时，我们学过一个结论：如果两个变量是正交的，那么对这两个变量做二元线性回归，和对这两个变量分别做两个一元线性回归，系数是相等的，那么通过韦恩图的直观表现，我们应该怎么理解呢？见图 2.4。

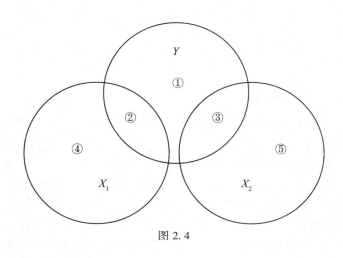

图 2.4

很明显，在二元线性回归中做 Y 对 X_1 的回归，与做 Y 对 X_1 的一元线性回归一样，都是利用信息②来完成的；在二元线性回归中做 Y 对 X_2 的回归，与做 Y 对 X_2 的一元线性回归一样，都是利用信息③来完成的，所以对这两个变量做二元线性回归，和对这两个变量分别做两个一元线性回归，系数都是相等的，效果是相同的。

第三节　因果关系与内生性

在我们的实证研究中，我们经常会听到讲课的老师或讲学的专家说起模型的内生性问题不能避免，要想相应的方法进行解决。那什么是内生性问题呢？简单来说，只要随机误差项的条件期望等于 0 这个条件不满足的话，我们的系数度量的就不是变量之间真正的因果关系，这样的情况都称为内生性问题。如果模型具有内生性，那估计的结果是有偏误的，这个偏误产生的原因是我们需要两个变量之间的因果关系，而内生性模型中给出的却是两个变量之间的相关关系。

如果具体谈到内生性的来源，它主要来自三个方面：一是遗漏解释变量；二是解释变量或被解释变量的测量误差；三是变量之间是互为因果关系。如果有这三个方面的问题，那模型中变量的路径就不是因果路径，而是混杂路径或是对撞路径。在实证中，这三个问题非常普遍，如何解决内生性问题、正确估计变量之间的因果关系一直是一项具有挑战性的工作。在后面的章节，我们会讲解一些方法来解决对应的内生性问题。

第三章　工具变量法

工具变量(instrumental variable, IV)是解决内生性的主要方法之一。本书的第二章介绍了内生性的来源,即遗漏变量、联立性(双向因果关系)、测量误差。比如,研究收入与工资、受教育水平、能力的关系时,工资和受教育水平可能同时受到能力的影响,若纳入能力变量,内生变量与扰动项相关会导致估计的不一致,若不纳入能力变量,则存在遗漏变量的问题。这个时候,如果能想办法将"能力"这一内生变量分成两部分,一部分与扰动项相关,另一部分与扰动项不相关,那么就可用与扰动项不相关的那部分得到一致估计。在实践操作中,我们通常借助另外一个"工具变量"实现这种分离,从而解决内生性问题。本章将介绍工具变量法的基本原理和使用步骤,并通过介绍经典文献中巧妙、有趣的工具变量,为读者提供一些寻找工具变量及处理内生性的思路。

第一节　工具变量法简介

工具变量的思想最早出现在菲利普·莱特(Philip G. Wright)1928 年写的书 *The Tariffon Animal and Vegetable Oils* 里。为了进一步解释这个原理,首先给出一个典型的线性回归模型:

$$y = \beta_0 + \beta_1 x_1 + \beta X + \varepsilon \tag{3-1}$$

这里 y 为被解释变量,x_1 为自变量,或者解释变量,也即"因"。大写的 X 为外生控制项向量(也即一组假定为外生的其他控制变量,例如年龄、性别等),ε 则为误差项。如果 ε 与 x_1 不相关,那么我们可以利用 OLS 模型对方程进行无偏估计。然而,如果一个重要变量 x_2 被模型(1)遗漏了,且 x_1 和 x_2 也相关,那么对 β_1 的 OLS 估计值就必然是有偏的。此时,x_1 被称作"内生"的解释变量,这就是"内生性"问题。遇到"内生性"问题怎么办?有一个方法就是找工具变量 Z。

第二节　工具变量的实现条件

变量 z 作为变量 x 的有效工具变量,当满足的条件是:

(1)外生性(exogeneity):工具变量必须外生,即 $\text{cov}(z, u) = 0$。

(2)相关性(relevance):工具变量必须与内生变量 x 相关,即 $\text{cov}(z, x) \neq 0$。

以上两个条件保证了工具变量只能通过内生变量 x 来影响因变量 y,利用工具变量的这两个性质,可得到对需求方程回归系数的一致估计。值得注意的是,工具变量的以上两个要求之间有一个非常重要的差别:其中 $\text{cov}(z, u) = 0$ 是无法验证(或检验)的,而 $\text{cov}(z, x) \neq 0$ 是可以验证(或检验)的。

具体而言,因为 $\text{cov}(z, u)$ 是 z 与不可观测的误差 u 的协方差,我们无法对它进行验证或哪怕是检验：我们必须求助于对现实情况的理解和判断来维持这一假定。相比之下，给定一个来自总体的随机样本，z 与 x 相关（在总体中）的条件则可加以检验。做到这一点最容易的方法是估计一个 x 与 z 之间的简单回归，这个回归有时被称为第一阶段回归。

　　工具变量的两个实现条件"相关性"与"外生性"常自相矛盾。并且，由于 $\text{cov}(z, u) = 0$ 是无法验证的，我们只能依赖常识和经济理论，这需要理论修养和积累。这就涉及我们接下来介绍的重要话题：如何寻找有效的工具变量？

第三节　工具变量的选择策略

　　尽管工具变量是解决内生性问题的良药，但事实上，想要找到一个合适的工具变量是相当不容易的。为了解决教育水平与能力相关的内生性问题，劳动经济学家选择在工资方程中使用家庭背景的相关变量，作为个人能力的工具变量。例如，母亲的教育（motheduc）与孩子的教育（educ）是正相关的，这一点通过收集数据样本并做 educ 对 motheduc 的简单回归便可以看出来。因此，motheduc 满足方程 $\text{cov}(z, x) \neq 0$。同时，母亲的教育也可能与孩子的能力相关，母亲的能力很可能决定了孩子幼年所受的教养的质量。这就是选择工具变量的基本思路。

　　寻找合适的工具变量通常较困难，需要一定的创造性与想象力。选择工具变量的步骤大致可以分为两步：

　　（1）列出与内生解释变量 x 相关的尽可能多的变量的清单；

　　（2）从这一清单中剔除与扰动项相关的变量；

　　（3）与其他控制变量不存在高度相关，即尽量避免多重共线性问题。

　　第 2 步的操作较难，因为扰动项不可观测。

　　这就涉及一个重要问题：如何判断候选变量 z 是否与扰动项 ε 相关呢？如果变量 z 与 ε 相关，则 z 对 y 的影响必然还有除 x 以外的渠道。是否"z 对 y 的影响仅通过 x 起作用"，可通过定性讨论来确定，即"排他性约束"（exclusion restriction）。

　　示意图 3.1 所表达的含义，是对工具变量外生性的进一步说明：如果工具变量外生，则它影响被解释变量的唯一渠道就是通过内生变量，除此以外别无其他渠道。需要记住的是，这也是实现工具变量法的重要前提。工具变量应该尽量是外生的，如历史、自然、气候、地理之类，它应该在理论上对被解释变量 y 没有直接影响，但应该通过影响内生变量 x，进而间接影响被解释变量 y。以下将列举几种常见的工具变量选择策略。

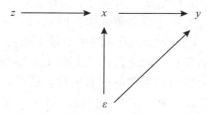

图 3.1　工具变量的影响渠道示意图

一、来自"分析上层"的工具变量：集聚数据

一个人的成绩、收入、社会地位等，会受到他所在的学校、班级、邻里的特征的影响。但是很多无法观测到的个人、家庭因素，会同时和个人结果与我们关心的集体要素相关（特别是，个体往往根据自己的某项特质和偏好来选择学校、班级、邻居）。为解决这一内生性问题，经济学家和社会学家常常把州、县或大都会地区层面的集聚数据（aggregation data）作为学校、班级和邻里等层面解释变量的工具变量。

二、来自"自然界"的工具变量：物候天象

河流、降雨、自然灾害等自然现象在一定地域范围内具有高度的随机、外生特性，因此可以被假设为与个人和群体的异质性无关，同时，它们又能够影响一些社会过程。如孟希（Munshi，2003）在文章 *Networks in the Modern Economy：Mexican Migrants in the U.S. Labor Market* 中，使用墨西哥移民来源地区的降水量作为移民数量的工具变量，证明了同乡的移民越多，他们在美国打工的收入会越高。移民来源社区的降雨量作为工具变量的理由是：墨西哥某社区的降水量和美国的劳动力市场显然没有任何关联；但降水量和社区的农业收入有关，并通过影响农业预期收入而影响移民美国的决策。

三、来自"生理现象"的工具变量：生老病死

人类的生老病死既是社会现象，也是生理上的自然现象。出生日期、季度、性别、死亡率等，虽仅仅是有机体的自然历程，但既具有随机性，又往往和特定的经济社会过程相关。因此，无论在宏观还是微观社会科学层面，它们都曾被巧妙地作为工具变量运用在因果推断之中。

在微观层面的研究中，个人的出生时段和人类的生育结果曾多次被作为工具变量使用。例如，安古瑞斯特和伊凡斯（Angrist，Evans，1998）在文章 *Children and Their Parents' Labor Supply：Evidence from Exogenous Variation in Family Size* 中试图分析家庭中的孩子数是否影响母亲的就业。由于生育孩子数量是可以被选择的，因此解释变量显然是内生的。为解决这一问题，他们巧妙地挖掘了人类生育行为中偏好有儿有女的特征，将子女"老大"和"老二"的性别组合情况作为工具变量。理由是：子女性别是完全随机的，而头两胎如果是双子或双女，那么生育第三胎的可能性大大增加，进而增加子女数。

四、来自"社会空间"的工具变量：距离和价格

社会空间的载体，包括具象性的城市、乡村，以及非具象性的市场空间等，和人类的行为与社会结果息息相关，但往往又在特定分析层面上具有独立性、随机性。

钱楠筠（Qian，2008）在文章 *Missing Women and the Price of Tea in China：The Effect of Sex-specific Earnings on Sex Imbalance* 中巧妙地用茶叶的价格作为中国家庭中男性收入和女性收入之比的工具变量，证明了家庭收入的性别结构最终影响了中国家庭男女出生性别比例（传统上我们相信家庭的总收入影响男女出生比例）。用茶叶价格作为工具变量，是因为茶叶产业链的特性决定了从业人员以女性为主，茶叶价格提高就意味着女性在家庭中的

经济地位提高，从而导致家庭女性胎儿被流产的几率降低，而茶叶的价格显然和家庭男女出生性别比例没有其他任何的因果逻辑联系。

五、来自"实验"的工具变量：自然实验和虚拟实验

实验是一种外来的人为干预。它一方面对我们关心的解释变量带来冲击，同时又会置身模型之外。能够给我们提供工具变量的实验，既有政策干预、改革创新这样的社会实验，又有假想的虚拟实验。不少研究采用外生性政策干预所带来的自然实验来挖掘适当的工具变量。

例如，章元、陆铭(2009)在文章《社会网络是否有助于提高农民工的工资水平》中，分析农民工的家庭网、亲友网和收入之间的关系时，用农民工祖辈的社会背景及是否来自革命老区作为工具变量。其理由是，祖辈社会背景和是否来自老区会影响到农民工的社会网络规模，但这些历史因素和今天农民工在异地的收入没有其他直接联系。

第四节　工具变量法的实现步骤

工具变量法一般通过"二阶段最小二乘法"(Two Stage Least Square，2SLS 或 TSLS)来实现。当前主流的工具变量估计方法，包括二阶段最小二乘法(2SLS)、广义矩估计(GMM)和有限信息最大似然估计(LIML)，在满足球形扰动项假设的情况下，2SLS 是目前最常用，也是最有效率的工具变量法。因此，本小节将重点介绍二阶段最小二乘法(2SLS)的实现步骤，后两种方法(GMM 和 LIML)将在本章第 5 节和第 6 节中作简要介绍。

一、二阶段最小二乘法

二阶段最小二乘法 2SLS 的实质，是把内生解释变量分成两部分——由工具变量所解释的外生部分及与扰动项相关的其余部分，从而满足 OLS 对变量外生性的要求，进而得到一致估计。

顾名思义，两阶段最小二乘法(2SLS)需要做两个回归：

第一阶段回归：用内生解释变量 x 对工具变量 z 和控制变量回归，得到拟合值；

第二阶段回归：用被解释变量 y 对第一阶段回归的拟合值进行回归。

上述步骤在构造回归模型时，可以建立以下待估方程：

我们假设真实的模型是：

$$y_i = \beta_0 + \beta_1 x_i + \beta_2 T_i + \varepsilon_i \tag{3-2}$$

由于 T_i 本身不可观测或者其他原因，我们实际估计的模型是：

$$y_i = \beta_0 + \beta_1 x_i + v_i \tag{3-3}$$

此时被遗漏的变量 T_i 进入扰动项，为了克服遗漏变量的内生性问题，在第一阶段，我们首先估计方程：

$$x_i = \alpha_0 + \gamma Z_i + u_i \tag{3-4}$$

进行 OLS 回归之后得到 x_i 的拟合值 $\hat{x}_i$。因为工具变量 Z_i 与扰动项 v_i 不相关，从而拟

合值 $\hat{x}_i = \hat{y}_i Z_i$ 也与扰动项 v_i 不相关。

在第二阶段时，我们构造以下待估方程便能得到一致估计：

$$y_i = \beta_0 + \beta_1 \hat{x}_i + v_i \tag{3-5}$$

以上 2SLS 步骤实际上是把内生变量 x_i 分解为两部分：外生的部分 $\hat{x}_i$ 以及余下的与扰动项相关的部分 $x_i - \hat{x}_i$，然后被解释变量仅对外生的部分 $\hat{x}_i$ 进行回归。

关于 2SLS，有一点要特别强调的是，尽管该方法的逻辑看上去很简单，但是不可手动直接去进行两次回归，必须使用 Stata 等统计软件的命令执行相关操作，否则会出现计算错误。其原因在于第二阶段回归时，所得到的残差有变化。此外还应注意，考虑到可能存在异方差，在上述操作中，建议使用异方差稳健的标准误。

二、工具变量有效性检验

在上述步骤的第一阶段回归（以内生变量为被解释变量的估计方程，即公式（3-4））中，我们首先需要检验工具变量 Z_i 的估计值在统计上是否显著，如果估计结果显著，才可以进行下一步骤的回归。

如果在选择工具变量的步骤中，选取了两个及以上的工具变量纳入回归方程，则需要用 F 检验考察其联合显著性，考察这些工具变量是否都不显著，只有排除工具变量都不显著的可能，才可以进行下一步骤的回归。同时，如果工具变量数大于内生解释变量数，且在多个工具变量中，有一个可以确定为外生的，那么，需要用 Sargan test 或 Hansen J test 进行过度识别检验，以确定工具变量是不是确实是外生的，具体原理和方法将在本章第五小节展开。

在完成了两阶段回归步骤后，一般还需要进行 Hausman 检验，以检验"工具变量回归与不使用工具变量的原回归的变量系数并没有显著不同"的原假设是否成立。如果 Hausman 检验的 P 值表明，可以在 10% 或 5% 水平上拒绝原假设，那么就能说明工具变量回归与原回归的变量估计系数显著不同，原方程的确存在内生性问题导致的估计偏误。反之，如果 Hausman 检验的 P 值很高，在统计上不能显著拒绝原假设，则说明工具变量回归与原回归结果没有显著不同，原回归可能不存在显著的内生问题。工具变量回归与 OLS 回归的估计比较及相关检验，将在本章最后一个小节详细阐述。

三、工具变量法的一个例子

美国麻省理工学院经济学教授 Acemoglu、Johnson 和 Robinson 在 2001 发表的文章 *The Colonial Origins of Comparative Development: An Empirical Investigation* 是非常有代表性的使用工具变量的论文。这篇论文试图验证：究竟是制度，还是人力资本促进了经济的发展？在这个问题中，显然好的制度对人均收入有积极影响，然而直接做回归的话，制度就是一个内生变量，因为很可能"人均收入高的地方才会诞生好的制度"。

于是，论文作者采用的策略是，通过寻找"由历史条件所决定的不同国家制度"作为工具变量，将外生决定不同国家制度的差异性因素分离出来。因此在这篇最有代表性的论文里，工具变量选择了殖民地的死亡率。因为在近代社会，欧洲人在不同的殖民地设计了两种极为迥异的制度。其中一种体现为，欧洲人利用强权在殖民地建立一系列压榨制度，以此将殖民地的资源转移至他们自己的国家。为了实现这一目的，他们创造了一系列的经济制度来支撑这种压榨行为。另一种制度体现为，欧洲人希望能够将自己本土的经济制度复制到殖民地，甚至加以改善和优化，而这种包容性制度是有助于促进经济增长的。

那么这两种极为不同的制度是由什么来决定的呢？根据 Acemoglu 的研究，对于死亡率越高的殖民地区，殖民者越难在当地大规模定居，并且越倾向于采用极端的压榨政策；相反，对于死亡率越低的殖民地区，殖民者越愿意大规模向当地移民，并且越倾向于采用模仿本土的包容性经济制度。

模型中一个主要解释变量是制度，采用 2005 年法律指数(the rule of law index)来测量，这是来自世界银行发布的世界政府治理指数。使用这个指数是因为，它提供了到现在为止最新的关于制度的综合测量的信息。对于制度的工具变量，使用殖民地的潜在死亡率。取对数并对离群值作截尾处理。

为了满足工具变量的使用条件，作者进行了工具变量的外生性检验。首先，作者检验了工具变量与解释变量的相关性，以确定是否存在"弱工具变量"的问题。存在弱工具变量问题时，2SLS 估计不仅无法矫正 OLS 估计的偏差，反而增加标准差，导致"治疗比疾病本身更糟糕"的后果。检验弱工具变量的一个经验规则是，如果在第一阶段回归中，F 统计量大于 10，则可不必担心弱工具变量问题。Stata 命令为：estat first(显示第一个阶段回归中的统计量)。其次，作者检验了工具变量是否与扰动项相关。在过度识别(工具变量个数>内生变量个数)的情况下，检验的原假设是所有工具变量都是外生的。如果拒绝该原假设，则认为至少某个变量不是外生的，即与扰动项相关。

此外，作者还对工具变量的有效性进行了检验。首先，作者尽可能地使用其他可行的工具变量作为替代并反复回归，发现与用死亡率作工具变量得到的估计结果基本相同。其次，他们将死亡率本身作为外生变量放在原回归里，发现它对因变量的影响不显著，这说明它并不直接影响因变量。第三，他们把只用死亡率的工具变量回归结果，和同时包含死亡率和其他工具变量回归的结果进行卡方检验，发现两者没有显著差异，再次说明死亡率对因变量没有直接影响，死亡率也没有通过制度以外的其他变量影响因变量。

根据这一经典案例进行总结，我们认为，一般而言如果选择的工具变量 z 本身就影响因变量 y，则不能被作为工具变量。在这个例子里，Acemoglu 就检验了工具变量是否直接影响因变量，结果说明不直接影响，于是这个工具变量是好的。其原因在于，包括了工具变量 z 的原方程中，由于 z 和 x 两者相关性很高，被替代的内生解释变量 x 使得 z 不显著，或者两者都不显著。

当然，如果有足够强大的理论和逻辑能够支持"工具变量的确是通过被替代的内生解释变量间接影响因变量"这一条件，一个"好"的工具变量放入原回归方程中，也可能是从 t 值或 P 值来看其估计系数是显著的。其原因在于，"好"的工具变量 z 影响了其他显著的变量，比如被替代的内生变量 x。如果是这样，当原方程包括了工具变量以后，其他变量(被工具变量替代的内生变量 x)的系数可能发生明显变化。

第五节　多个工具变量的过度识别检验

一、工具变量的阶条件

如存在多个工具变量，仍可用二阶段最小二乘法（2SLS）。但此时进行 2SLS 估计的必要条件是：工具变量个数不少于内生解释变量的个数，称为"阶条件"（order condition）。根据阶条件是否满足可分为三种情况：

（1）不可识别（unidentified）：工具变量个数小于内生解释变量个数；

（2）恰好识别（just or exactly identified）：工具变量个数等于内生解释变量个数；

（3）过度识别（overidentified）：工具变量个数大于内生解释变量个数。

在恰好识别与过度识别的情况下，都可使用 2SLS；在不可识别的情况下，无法使用 2SLS。

工具变量的外生性是保证 2SLS 一致性的重要条件，如果"工具变量"与扰动项相关，则可导致严重的估计偏差。在恰好识别的情况下，无法检验工具变量的外生性，只能进行定性讨论或依赖专家的意见。在前文中，我们强调过，如果工具变量外生，则它影响被解释变量的唯一渠道就是通过内生变量，除此以外别无其他渠道。由于此唯一渠道（内生变量）已包括在回归方程中，故工具变量不会再出现在被解释变量的扰动项中，或对扰动项有影响。此条件称为"排他性约束"（exclusion restriction），它排除了工具变量除了通过内生变量而影响被解释变量的其他渠道。

实践中，需找出工具变量影响被解释变量的所有其他可能渠道，然后一一排除，才能说明工具变量的外生性。在过度识别情况下，可进行"过度识别检验"（overidentification test），可以用 Sargan 检验或 Hansen J 检验判断。

二、过度识别检验的主要思想

过度识别检验的大前提（maintained hypothesis）是该模型至少恰好识别，即有效工具变量至少与内生解释变量一样多。在此大前提下，过度识别检验的直观思想为：在过度识别的情况下，可用不同的工具变量组合来进行工具变量法估计，如果所有工具变量都有效，则这些工具变量估计量 $\hat{\beta}_{IV}$ 都将收敛到相同的真实参数 β。可检验不同的工具变量估计量之间的差是否收敛于 0；如果不是，则说明这些工具变量不全有效。

原假设为 H_0：所有工具变量都外生。如拒绝原假设，则认为至少某个变量与扰动项相关。在恰好识别的情况下，只有唯一的工具变量估计量，无法进行比较，故过度识别检验失效。只能用"经济理由"去定性分析其外生性，或者从排他性的角度论证：找出工具变量影响被解释变量的所有其他可能渠道，然后一一排除，才能比较信服地说明"工具变量只能通过影响自变量来影响因变量"的外生性特征。

三、过度识别检验的主要方法

（一）Sargan 检验

假设共有 K 个解释变量 $\{x_1, \cdots, x_k\}$，其中前 $(K-r)$ 个解释变量 $\{x_1, \cdots, x_{k-r}\}$ 为外生变量，而后 r 个解释变量 $\{x_{k-r+1}, \cdots, x_k\}$ 为内生变量：

$$y = \underbrace{\beta_1 x_1 + \cdots + \beta_{K-r} x_{K-x}} + \underbrace{\beta_{k-r+1} x_{K-r+1} + \cdots + \beta_K x_K} + \varepsilon \tag{3-6}$$

假设共有 m 个方程外的工具变量 $\{z_1, \cdots, z_m\}$，其中 $m > r$；则过度识别的原假设为：

$$H_0: \mathrm{Cov}(z_1, \varepsilon) = 0, \cdots, \mathrm{Cov}(z_m, \varepsilon) = 0 \tag{3-7}$$

通过 2SLS 的残差 e_{IV} 考察工具变量与扰动项的相关性。把 e_{IV} 对所有外生变量与工具变量进行辅助回归：

$$e_{\mathrm{IV}} = \gamma_1 x_1 + \cdots + \gamma_{K-r} x_{K-r} + \delta_1 z_1 + \cdots + \delta_m z_m + \mathrm{error} \tag{3-8}$$

则式（3-7）中的原假设 H_0 可写为：

$$H_0: \delta_1 = \cdots = \delta_m = 0 \tag{3-9}$$

记辅助回归的可决系数为 R^2，Sargan 统计量为：

$$nR^2 \xrightarrow{d} \chi^2(m-r) \tag{3-10}$$

Sargan 统计量的渐近分布为 $\chi^2(m-r)$，其自由度 $(m-r)$ 是过度识别约束的个数，即方程外工具变量个数 (m)，减去内生变量个数 (r)，也就是"多余"的工具变量个数。如恰好识别，则 $m-r=0$（自由度为0），$\chi^2(0)$ 无定义，无法使用"过度识别检验"。

（二）Hansen J 检验

我们将"所有工具变量都是外生的"这一原假设看做是检验总体矩条件是否成立：

$$H_0: E(z_i \varepsilon_i) = 0 \tag{3-11}$$

以样本矩替代总体矩，则与总体矩条件对应的样本矩条件为：

$$g_n(\hat{\beta}) \equiv \frac{1}{n} \sum_{i=1}^{n} z_i(y_i - x_i' \hat{\beta}) = 0 \tag{3-12}$$

将上式看成一个联立方程组，未知参数 $\hat{\beta}$ 的维度为 k，方程个数为 L 个（工具变量 z_i 的维度）。若 $L < K$，为不可识别，则 $\hat{\beta}$ 有无穷多个解；若 $L = K$，为恰好识别，则 $\hat{\beta}$ 有唯一解，并等价于矩估计，进而等价于 2SLS；若 $L > K$，为过度识别，$\hat{\beta}$ 无解。在过度识别的情况下，Hansen（1982）提出了一种可行的方案：虽然无法找到 $\hat{\beta}$ 使得样本矩等于 0 向量，但总可以让样本矩尽量接近于 0 向量。为此，可以用该矩阵的二次型来衡量它到 0 向量的距离，如：

$$\min_{\hat{\beta}} J(\hat{\beta}, \hat{\omega}) \equiv n(g_n(\hat{\beta}))' \hat{\omega}(g_n(\hat{\beta})) \tag{3-13}$$

其中，因子 n 不影响最小化。这是一个无约束的最优化问题，目标函数 $J(\hat{\beta}, \hat{\omega})$ 是

$\hat{\beta}$ 的二次型函数，故可得到其解析解，其推导方法类似于 OLS，这一解析解也被称为 GMM 估计量。

实际上，GMM 估计量的目标函数 $J(\hat{\beta}, \hat{\omega})$ 就是检验统计量：

$$J(\hat{\beta}, \hat{\omega}) \xrightarrow{d} X^2(L-K) \tag{3-14}$$

其中，$(L-K)$ 为过度识别的个数。此检验统计量称为 Hansen's J 统计量。

在同方差假设下，2SLS 是最有效率的。在异方差的情况下，存在更有效率的工具变量法，即"广义矩估计"（generalized method of moments，GMM），在恰好识别或同方差的情况下，GMM 等价于 2SLS。

四、关于外生性条件的补充说明

需要注意的是，根据目前的计量经济学，工具变量的外生性在本质上依然是不可检验的，学者们通常需要使用各种理论和实证依据以及花费大量的时间和精力向读者证明，他们使用的工具变量能够满足排他性约束。即使接受了过度识别的原假设，也并不能证明这些工具变量是绝对外生的。实际研究中，工具变量的外生性是一个没有办法严格论证的条件（untestable），尽管存在前文所提到两种过度识别检验方法（在检验步骤中，这是必要的统计检验方法），但此类方法并不是外生性的充分条件。因此我们还可以考虑在"不满足工具变量外生性"条件下的识别。

针对工具变量外生性条件无法严格满足的情形，目前较有影响的做法是采用再抽样方法（resampling）或贝叶斯的方法校正近似外生性的影响（Berkowitz，等，2012；Conley，等，2012；Kraay，2012）。Conley 等（2012）提出的方法对工具变量的约束条件仍然存在，只不过是从"完全外生"（perfectly exogenous）变成了"近乎外生"（plausibly exogenous）。由于只是微弱内生，IV 估计量的偏差仍然小于 OLS，故 IV 估计量仍有其价值。因此，在 IV 近似外生情况下的统计推断为我们论证工具变量的外生性提供了新的方案，特别适用于工具变量和内生解释变量相关性较强，但排他性约束又难以完全满足的情形。

五、弱工具变量问题

由于工具变量仅包含极少与内生变量有关的信息，利用这部分信息进行的工具变量法估计就不准确。这种工具变量称为"弱工具变量"（weak instruments）。

（一）弱工具变量的后果

值得注意的是，如工具变量与内生变量仅微弱相关，由于工具变量仅包含极少与内生变量有关的信息，利用这部分信息进行的工具变量法估计就不准确。换言之，我们使用工具变量法的前提是：工具变量 z 必须是严格外生的。只有当 z 与 u 不相关，而 z 与 x 存在着正的或负的相关时，工具变量 IV 的估计才是一致性的。但是，如果工具变量与内生变量的相关性很弱，则可能造成工具变量估计值 $\hat{\beta}_{IV}$ 的标准误很大，称为"弱工具变量问题"。

当工具变量 z 与 x 只是弱相关时，变量 z 被称为弱工具变量。除此以外，z 与 x 之间的弱相关可能产生严重的后果：弱工具变量 z 和 x 关系越小，使用其估计就越有风险；即使

z 与 u 只是适度相关，IV 估计量也会有大的渐近偏误。陈强(2015)指出，弱工具变量的后果类似于样本容量过小，会导致 $\hat{\beta}_{IV}$ 的小样本性质变得很差，即 $\hat{\beta}_{IV}$ 的小样本真实分布离大样本的渐近正态分布相去甚远，致使基于大样本的统计推断失效。

（二）弱工具变量的检验

为检验是否存在弱工具变量，可以通过一阶段回归的 F 值来检验。也就是说，可在第一阶段回归中，检验所有方程外的工具变量的系数是否联合为零，来判断是否存在弱工具变量。具体的经验规则是，此检验的 F 统计量大于 10，则拒绝"存在弱工具变量"的原假设。

（三）弱工具变量的处理

如发现存在弱工具变量，最好的解决方法是寻找更强的工具变量。但如果无论如何都难以找到一个合适的工具变量，较好的解决方法是，使用对弱工具变量更不敏感的"有限信息最大似然估计法"(limited information maximum likelihood estimation，LIML)。在大样本下，有限信息最大似然估计法 LIML 与两阶段最小二乘法 2SLS 渐近等价；在弱工具变量的情况下，前者的小样本性质可能优于后者。

六、工具变量法与 OLS 估计的比较

使用工具变量法的前提是存在内生解释变量。但由于扰动项不可观测，无法直接检验解释变量与扰动项的相关性，所以很难检验解释变量是否内生。因此，在完成工具变量回归的同时，一般情况下，我们会对比包含工具变量的 IV 估计与普通最小二乘法 OLS 估计的差异，以此确定工具变量使用的合理性。

前面我们详细说明了工具变量的两个实现条件在验证上的困难，因此在与 OLS 估计结果进行对比时，我们需要注意：如果工具变量法得到的自变量估计值明显大于 OLS 得到的估计值，则说明工具变量法的估计在一定程度具有一致性。

其中的原因可以解释为，工具变量法其实估计的是局部平均处理效应(local average treatment effect)。在章节开头所举的例子中，我们如果想要了解教育带来的收入回报，在给教育寻找工具变量时，实质上估计的是异质性群体中，因为受到工具变量影响而教育回报率高于平均水平的那部分子样本。与此同时，OLS 估计的是整个总体的平均处理效应(average treatment effect)。所以，总体的异质性差异导致工具变量法 IV 估计值将大于 OLS 估计值。

如果所有解释变量都外生，那么不需要使用工具变量法进行估计。此时 OLS 估计与 IV 估计都是一致的，但 OLS 估计比 IV 估计更有效。在这种情况下，虽然 IV 估计具有一致性，但相当于"无病用药"，反而增大估计量的方差。IV 估计与 OLS 估计的方差，区别主要在于一阶段回归的统计量。反之，如果存在内生变量，当 $\text{Cov}(x, u) \neq 0$ 时，OLS 估计是不一致的，而 IV 估计是一致的。

第四章　倾向评分匹配法

第一节　为什么要做倾向值匹配分析

作为现代科学研究的重要分支之一，社会科学是以分析研究对象之间的因果关系，探究社会本质和规律为中心任务的系统性科学。在方法选择上，最为常用并被学界所接受的就是社会调查法，然而，受数据偏差（bias）和混杂变量（confounding variable）的影响，如何正确揭示变量间的因果关系成为社会学研究的重要课题。倾向评分匹配（propensity score matching，简称 PSM）方法正是为了减少这些偏差和混杂变量的影响，通过计算倾向评分并将实验组与对照组中倾向评分水平相当的个体进行匹配，进而实现对因果关系推断的一种方法。

那么，到底什么是倾向值匹配？以教育经济学为例，大学教育能否带来更高的经济回报是社会学关注的议题之一。如果直接对比上大学和没上大学人的收入差异，就会造成研究结果的偏差。Brand 和谢宇（2010）总结了两种偏差来源，第一种偏差是与处理变量（是否上大学）和结果变量（经济收入）均相关的因素，比如：能力更强、更努力的人更有可能上大学，而这些个人特质也能帮助他们在未来获得更好的经济回报；第二种偏差是处理效应本身的异质性，大学教育能否带来更高的经济回报对不同人群而言可能是不一样的，比如，家境贫寒的人上大学的概率低，而一旦他们上了大学，即便收入只达到平均水平，对他们来说也是很大的提升。如果我们选择的样本偏重家庭经济背景好的人（他们更有可能上大学），那么就会低估大学教育对经济回报的作用。上述偏差称为选择性偏差（selection bias），它产生的原因是参与研究的个体并不是总体的代表性样本，而是经过"筛选"进入研究当中的。

在统计研究中，只有对其他变量进行控制，我们才能真正得到所关心的两个变量之间的因果关系。当只存在一个混淆变量时，传统的控制方法就是分层，比如当分析受教育程度与收入之间的因果关系时，能力是一个很重要的混淆变量，一般传统的做法就是将能力这一变量细分成不同层次，并保证每个层次中样本的能力水平都是相同或者是相近的。这样，我们便可以在每个层次内考察受教育程度与收入之间的关系，然后将每个层次的影响效果进行综合。

但是，随着需要控制的混淆变量的增多，这种直接控制混淆变量的传统方法就愈发显得力不从心。当我们有两个混淆变量时，可以将变量分成 2×2 个交互小组，只需在组内观察受教育程度与收入之间的关系，然后求总体效应即可。然而，当需要控制的混淆变量增加至 5 个或者 6 个时，便会产生 5×5 或者 6×6 个交互小组，这致使分组不再简便易行，并出现因样本量受限无法保证每个组内都有样本个体的尴尬。此时，面对一个"多维"的难题，PSM 很巧妙地借助于求取倾向评分的方式对混淆变量进行了降维，其不再关注混淆变量的具体值，而是将注意力放在将这些混淆变量放入 logistic 回归方程后的预测出来的倾向评分上。此时，只要保证倾向评分匹配，就能对所有混淆变量实现控制。因此，无论有多少混淆变量，我们都能通过 PSM 对它们进行控制，从而得到理想的因果关系。从"控制"的角度出发，PSM 很好地解决了对多个混淆变量进行控制的问题，从而能够得到更"纯正"的因果关系。在这种情况下，倾向值分析（propensity score analysis）的理论和实践不断丰富，并在流行病学、经济学、社会科学等领域得到广泛应用。

　　倾向值就是研究的个体在一定可观测到的协变量（混杂）存在的情况下，接受某种干预的可能性。倾向评分析，就是利用倾向值从对照组中为处理组中的每个个体寻找一个或多个背景特征相同或相似的个体作为对照，使两组的混杂因素的分布也趋于均衡，实现类似于随机化设计中的随机分配干预的目的。

　　接下来用一个简单常用的例子来说明 PSM 的原理。我们现在想要研究"接受某种职业技能培训会对个人收入有怎么样的影响"这一课题，我们收集到的是观测数据，将其简单分为处理组（接受培训）和控制组（未接受培训）。如果由此直接计算接受培训带来的处理效应（treatment effect），那显然得到的结果是不可信的（见图 4.1）。

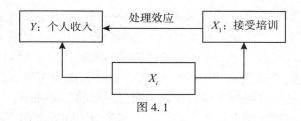

图 4.1

　　显然，存在着这样一个协变量集 X_i，X_i 中的变量均会对 Y 和 X_1 产生影响。比如个人的能力，个人能力强的人可能就不会选择接受技能培训，但是能力强的人又能取得比较高的收入，这可能会对处理效应产生一个偏导性的影响。除了个人能力外，个人家境和学历等因素都具有这种双面影响性。为了解决上述问题，我们可以利用匹配的思想，将控制组的个体按照各特性（协变量集中的变量）"距离"相近的方法与处理组中的个体进行匹配，这就使得匹配过后的个体除是否接受处理外并无显著差异，所以就在一定程度上缓解了自选择偏误，这就是 PSM 中的匹配法思想。

　　但是，在匹配之前我们需要考虑一个问题。个体的协变量集是多维度的，我们需要考虑如何将个体按照现有的多维度协变量集进行适当的匹配，这就是引入倾向得分值的缘由了。倾向得分值便是按照现有的协变量集计算个体进入处理组的概率（一般是利用 probit 或 logit 模型），这就使得多维协变量集被降到一维变量的层面，之后我们便可通过特定的匹配法则来将我们定义中的倾向得分值接近的个体进行匹配，这便重构了控制组和处理组。接着，在完成了平衡性检验后，我们便可以开始计算处理效应了。

第二节　怎么设定模型[①]

一、倾向评分匹配的理论

倾向评分匹配(propensity score matching, PSM)是一种基于"反事实推断"模型,使用观测数据进行干预效应评估的一种方法,于 1983 年由 Rosenbaum 和 Rubin 教授首次提出。他们将倾向评分定义为个体在控制可观测到的"混淆"变量后,受到某种自变量影响的条件概率。把可能对分组有影响的因素进行整合,计算出每个样本接受干预的倾向评分,根据倾向评分进行重新匹配对照,经过倾向评分值调整的组间个体,除了暴露因素和结局变量分布不同外,其他协变量均衡可比,相当于进行了"事后随机化",达到平衡混杂的目的。

倾向评分匹配的理论框架是"反事实推断模型","反事实推断模型"假定任何因果分析的研究对象都有两种条件下的结果:观测到的和未被观测到的结果。如果我们说"A 是导致 B 的原因",用的就是一种"事实陈述法",而"反事实"的推断法则是:如果没有 A,那么 B 的结果将怎样(此时,其实 A 已经发生了)? 因此,对于处在干预状态(treatment condition)的成员而言,反事实就是处在控制状态(condition of control)下的潜在结果(potential outcome);相反,对于处在控制状态的成员而言,反事实就是处在干预状态下的潜在结果。显然,这些潜在结果是我们无法观测到的,也就是说,它们是缺失的。

二、实践中的倾向值匹配方法

从统计学的角度来看,令 Y1、Y0 表示实验组和对照组成员的因变量取值;w 为一个二值变量,$w = 1$ 代表个体在实验组,$w = 0$ 代表个体在对照组。因此,当个体属于实验组时,$E(Y1 \mid w = 1)$ 是可以观察到的,而 $E(Y1 \mid w = 0)$ 是反事实,我们观察不到,即对于一个受过大学教育的人,我们无法观察到若他没有受到大学教育时的情况。同样,对于对照组,$E(Y0 \mid w = 0)$ 是可以观察到的,而 $E(Y1 \mid w = 0)$ 是反事实,也是无法观测到的。我们希望得到的因果关系为实验组中个体的"事实"与"反事实"之间差异的加权平均值:

$$T = \pi \left[E(Y1 \mid w = 0) - E(Y0 \mid w = 1) \right] + (1 - \pi) \left[E(Y1 \mid w = 0) - E(Y0 \mid w = 0) \right]$$

$$(4-1)$$

其中,π 为所有调查对象在实验组中的比例。

由于反事实无法被观察到,即同一群人要么只能在实验组,要么在对照组,因此在进行因果推断时,仍需满足如下非混淆假设:

$$E(Y1 \mid w = 0) = E(Y1 \mid w = 1)$$
$$E(Y0 \mid w = 0) = E(Y0 \mid w = 1)$$

即位于对照组的另一群体能够代表实验组中个体的"反事实"状态。由此,(4-1)式可

①　苏毅清,周永刚,王志刚. 倾向评分匹配法的基本逻辑、应用领域和发展趋势. 郑州航空工业管理学院学报,2015,33(03):5-14.

简化为：

$$T = E(Y1 \mid w = 1) - E(Y0 \mid w = 0) \tag{4-2}$$

在随机实验条件下，由于实验个体是通过随机方式分配到实验组及对照组的，因而 $E(Y1 \mid w = 0) = E(Y1 \mid w = 1)$，$E(Y0 \mid w = 0) = E(Y0 \mid w = 1)$ 的假设成立。另外，基于观察的观测数据无法保证随机化的事实，就必须尽可能控制混淆变量，使 w 与 $Y0$、$Y1$ 保持独立，即

$$E(Y1 \mid w = 0, x) = E(Y1 \mid w = 1, x) \quad E(Y0 \mid w = 0, x) = E(Y0 \mid w = 1, x) \tag{4-3}$$

其中，x 为混淆变量。只要能够找到混淆变量并加以控制，就可近似地得到 w 独立于 $Y0$、$Y1$（Rosenbaum and Rubin，1983），即

$$(Y0, Y1) \perp w \mid x \tag{4-4}$$

此时，混淆变量通过 logistic 回归得到一个特定的倾向值 P，由此可得：

$$E(Y1 \mid w = 0, P) = E(Y1 \mid w = 1, P) \quad E(Y0 \mid w = 0, P) = E(Y0 \mid w = 1, P) \tag{4-5}$$

综上所述，便可以"近似的"满足非混淆假设，从而得到所需的因果关系推论。

三、倾向值匹配法的实施步骤

（一）求取倾向值

倾向值匹配是控制混淆变量、消除选择性偏差的一种方法。首先，我们需要理解到底什么是倾向值。简单来说，倾向值就是接受处理的条件概率。

图 4.2 中，X 代表对是否接受处理（T）和结果变量（Y）同时产生影响的因素。在上大学对经济回报影响的研究中，X 是个人能力、家庭经济背景等混淆变量，T 是处理变量，即是否上大学；Y 是结果变量，即个人收入。图 4.2 中，X 会对 T 对 Y 的估计效应产生干扰，即便 T 不影响 Y，由于 X 同时影响 T 和 Y，我们可能也会观察到 T 对 Y 的"影响"。

图 4.3 中引入了 $P(x)$，它是个体接受处理的条件概率，即 $P(T \mid X)$，也就是倾向值。如果我们知道了 $P(x)$，那么 X 就不能告诉我们更多信息了。控制 $P(x)$ 起到了阻断 $X \rightarrow T \rightarrow Y$ 这一路径的作用。由于能力更高的人更有可能上大学，他们在未来也更有可能获得更高的收入，两组人是不可比的。但如果我们知道每个人上大学的概率 $P(x)$，分别从两组中各找一个人，他们上大学的概率一样，那么实际是否上大学就只能归因于随机性因素了，倾向值匹配就是用统计的方式让个体进入研究的概率更加随机。

为什么我们不直接控制 X，而是先计算出 $P(x)$，再控制它呢？是不是多此一举？

假设我们认为智力因素会混淆上大学和收入之间的关系，我们直接将个人智力细分成不同层级，考察每个层级上大学和收入之间的关系，最终综合起来不就可以了。但是，随着混淆变量越来越多，需要细分的层级也就越多，这会带来维度灾难。假设有 5 个混淆变量，每个变量有 3 个水平，我们就需要划分 $3^5 \sim 243$ 个层级，这样，分到每个组的个体数量就非常有限了。因此，在多混淆变量的情况下，倾向值匹配将多变量控制转化成单一变量的控制，从而起到了"降维"的作用。

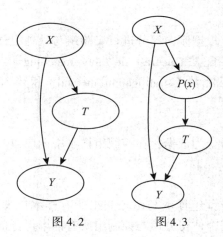

图 4. 2　　　　　　图 4. 3

通常，我们会利用 logit 回归模型来计算 $P(x)$。

$$\text{Logit } P = \ln(P/1-P)$$

图 4.4 中的橙色曲线是逻辑回归模型，对比式（1）和式（2）可以发现，logit 回归模型通过在线性回归模型上加一个逻辑函数映射，将线性回归模型的预测值限制在（0，1）之间，实现了分类预测。

其中，p 为 logit 回归或 probit 回归所得概率值。

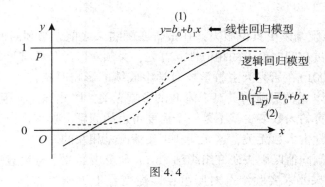

图 4.4

再回到上文中的上大学例子，研究者可能建立了这样的逻辑回归模型：

$$\ln\left(\frac{\text{上大学的概率}}{1 - \text{上大学的概率}}\right) = b_0 + b_1$$

通过拟合实际数据，假设得到 $b_0 = 0.01$，$b_1 = 1.05$，那么我们就能算出不同性别学生上大学的概率：

男生上大学的概率 $= e_{1.05}/(1+e_{1.05}) = 0.74$

女生上大学的概率 $= e_{0.01}/(1+e_{0.01}) = 0.5$

这个概率就是倾向值。

（二）进行匹配

在计算倾向评分之后，根据倾向评分进行实验组与处理组样本的匹配。常用的匹配方法分为四种，即最邻近匹配法（nearest neighbor matching method）、核匹配法（kernel matching method）、分层匹配法（stratification method）和半径匹配法（radius matching method）。

1. 最邻近匹配法

最邻近匹配法以倾向得分为依据，在控制组样本中向前或向后寻找最接近干预组样本得分的对象，并形成配对。

2. 核匹配法

核匹配法的重点是将干预组样本与由控制组所有样本计算出的一个估计效果进行配对，其中估计效果由实验组个体得分值与控制组所有样本得分值加权平均获得，而权数则由核函数计算得出。

3. 半径匹配法

半径匹配法是预先设定一个常数 r（可理解为区间或范围，一般设定为小于倾向得分标准差的 1/4），将实验组中得分值与控制组得分值的差异在 r 内进行配对。

上述三种匹配法对误差的修正与方差的控制各有特点，通常分别用以上三种类型的匹配法对控制组与对照组的样本进行匹配，以保证估计效果的稳健性（郭君平，吴国宝，2014）。

（三）平衡性检验

为使 PSM 的匹配结果更具说服力，在报告匹配结果之前，必须对匹配的质量进行评估，以确保两组成员在倾向值上的相似性。首先，必须对匹配是否满足条件独立性假设进行验证。Morgan（2001）在研究天主教学校对学生成绩的影响时指出，"条件独立性"意味着天主教学校对个体 A 的影响与其对个体 B 的影响无关，照此推论，因为彼此互不影响，接触天主教学校教育的人数多少就不是一个需要考虑的问题。换言之，天主教学校教育对学生成绩的影响和学生人数无关，这无疑和现实情况是相左的。

因此，在利用倾向值匹配去研究组织结构时，研究者需要十分注意这一假设。具体而言，PSM 的匹配结果要求实验组与对照组在匹配变量上无明显差异，若两者差异显著，则表明匹配变量选用不当，不满足条件独立性假设，倾向值匹配估计则趋于无效（曹亮，等，2012）。沿用 Lechner（1999）、Sianesi（2004）和 Caliendo 等（2007）的研究方式，我们可以通过计算匹配后的对照组与实验组基于各匹配变量的标准偏差进行匹配平衡性检验，公式如下：

$$SB = 100 \cdot \frac{\overline{X_1} - \overline{X_0}}{\sqrt{0.5(V_1(X) + V_0(X))}}$$

其中，$\overline{X_1}$ 为处理组的均值，V_1 为处理组样本方差，$\overline{X_0}$ 为对照组均值，V_0 为对照组方差。以往研究认为，SB 越小，匹配效果越好，但目前用于评判倾向值匹配估计是否有效的标准差"阀值"仍未统一（邵敏，等，2011；邵敏，等，2012）。一般而言，匹配后 SB 的值低于 3% 或 5% 时，即认为是最满意的匹配结果（Caliendo，2008）。其次，寻找共同支持域（common support region），并根据倾向值对样本进行再抽样。原因在于在进行完匹配后，并不是所有的样本都能成功找到匹配对象，即共同支持域并不总是覆盖全部样本，导致样本损失。因此，必须基于倾向值，在共同支持域内对样本进行再抽样，使实验组与控制组在观测变量上变得平衡，从而更好地控制选择性偏差。

（四）匹配结果估计及敏感性分析

在得到匹配过程有效的验证后，就可以报告最终的匹配结果。面对这一匹配结果，研究者们往往会担心无法观测变量对匹配结果的影响（Rosenbaum，2002）。因为，一旦这一影响使得估计结果不足以保持稳健，就会影响到反事实框架的成立，从而危及 PSM 的统计学基础。相应地，对匹配估计结果进行敏感性分析，就成为必不可少的环节。

具体而言，敏感性分析的数学表达如下：

$$\pi_i = \Pr(T_i = 1 \mid X_i) = F(\beta X_i + \gamma u_i)$$

式中，π_i 不仅由 X_i 决定，还要受到 u_i 的影响。u_i 中包含了无法观测到的混淆变量。γ 是 u_i 对 π_i 的偏效应。如果观测到的混淆变量未对 π_i 产生影响，则 γ 的估计值应该为零；而若 γ 的估计值显著异于零，则说明存在没有观测到的混淆变量影响了我们最终对于因果关系的推断。Rosenbaum（2002）、Ichino 等（2006）分别探讨了估计 γ 的方法。

虽然目前没有任何一种方法能够足够满意地满足反事实框架，但是敏感性分析的结果还是进一步保证了匹配结果的可靠性。当敏感性分析得到了较大的敏感性结果时，即显著异于零时，研究者必须重新考虑数据的选取以及 PSM 的实施过程中出现的问题。

第三节　倾向值匹配法的应用

一、案例分析

20 余年来，倾向评分匹配法取得了长足的进步，并逐步为各领域的研究所采纳。本节选取发表于《教育与经济》上的《大学本土留学教育个人收益的计量分析：基于倾向值匹配法的研究》①一文，力图通过对它的点评，更进一步地解释和说明倾向值匹配法在现实中的应用。

首先，作者为什么要用倾向值分析？

笔者利用倾向值匹配的方法分析 2014 年对 7 所相关院校毕业生的调查数据的相关变量，并由此来估计接受本土留学教育对个人经济收入的影响效应。其中因变量是毕业生初始月工资水平。我们关心的自变量是个体接受高等教育的形式（本土留学教育 = 1；普通高等教育 = 0）。我们需要控制的混淆变量包括：（1）性别、是否为独生子女等人口学特征。（2）所学专业：根据预调查中本土留学机构专业设置情况，将专业分为理学、工学、经管

---

① 该文比较系统地应用了倾向值匹配方法并且较为基础。

学、人文社科、语言学、其他学科 6 类。(3)家庭所在地：因不同家庭所在地学生接触与选择本土留学教育的机会不同，我们将家庭所在地设置为农村、乡镇、县城、城市 4 个水平。(4)家庭在当地的消费水平：本土留学教育成本偏高，家庭经济水平往往是受教育者能否顺利接受本土留学教育的前提条件，我们将家庭经济水平作为衡量家庭资本的代理变量，共设置远低于平均水平、低于平均水平、平均水平、高于平均水平、远高于平均水平 5 个层级。此处选取这些变量是因为已有研究表明这些变量会混淆教育水平和收入之间的关系。

一般我们会把这些混淆变量作为控制变量纳入回归模型中，但这样做有一些潜在风险。首先，如果将这些混淆变量作为自变量放进回归模型，我们就潜在假定了这些混淆变量对个人收入的效果与接受本土留学教育对个人收入的效果之间存在一种线性关系。然而，这种线性假定缺乏理论和实践依据(Morgan，2001)。也就是说，我们不能简单认为性别对收入的影响与接受本土留学教育对收入的影响是累加的(additive)。其次，接受本土留学教育的回归系数代表的是一种"平均"效果，这个系数所回答的问题是：在人口中任意选取一个人，如果他接受的是接受本土留学教育，他的收入会是什么水平。

然而，在探索因果关系时我们所关心的问题则是：(1)一个任意选取的大学生如果一开始没接受本土留学教育的话会是什么收入水平；(2)一个任意选取的非大学生如果接受本土留学教育的话会是什么收入水平。(1)和(2)是两个不同的问题，而回归模型则没有区分它们，只是取了它们的平均水平，这样做无疑会带来误差。最后，由于混淆变量与我们关心的自变量之间存在相关性，简单地将混淆变量纳入多元回归模型有可能产生共线性问题。倾向值匹配有效地控制了这些混淆变量，同时还通过一种半非参数性(seminon-parametric)方法避免了上面提到的三个风险。

那么，作者是如何使用倾向值分析的？

具体而言，运用倾向值匹配方法有以下几步。

步骤一：预测倾向值。这一步是利用已知的混淆变量使用 Logistic 或 Probit 模型来预测个体接受本土留学教育的概率。基于上面变量，得到的结果见该文中的表 2(见图 4.5)。

表 2　　　　　　　　　　　**预测倾向指数的 logit 回归结果**

解释变量	系数	标准误	边际效应	标准误
性别(1=男性)	−0.287*	0.160	−0.0528*	0.029
独生子女与否(1=是)	−0.689***	0.201	−0.117***	0.036
专业				
理学(1=是)	−0.856**	0.402	−0.149**	0.073
工学(1=是)	−0.954**	0.356	−0.167**	0.064
经管类(1=是)	0.526	0.356	0.098	0.065
语言学(1=是)	0.616	0.486	0.111	0.089

解释变量	系数	标准误	边际效应	标准误
家庭所在地				
乡镇(1=是)	−0.210	0.293	−0.032	0.053
县城(1=是)	0.418 *	0.253	0.082 *	0.046
城市(1=是)	1.380 ***	0.253	0.260 ***	0.044
家庭经济水平				
远低于平均水平(1=是)	0.365	0.383	0.058	0.070
低于平均水平(1=是)	−0.913 ***	0.235	−0.179 ***	0.042
高于平均水平(1=是)	1.070 ***	0.216	0.198 ***	0.037
远高于平均水平(1=是)	0.501	0.668	0.116	0.120
常数项	−0.197	0.376		
Log likelihood	−555.363			
LR chin2(13)	266.84			
Prob>chi2	0.0000			
Pseudo R^2	0.1999			

注：* $p<0.01$，** $p<0.05$，*** $p<0.01$。

图 4.5

我们可以发现，这些混淆变量加在一起对是否接受本土留学教育有比较强的解释力，这一点可以从虚拟 R2(Pseudo R^2)的数值(超过 19%)看出来。对社会学研究而言，这个虚拟 R2 值并不低，由此可以看出该模型中的混淆变量能够比较显著地预测个体会否接受本土留学教育。

步骤二：基于倾向值进行匹配。有了上面的 Probit 模型，我们就能够预测每个研究个体的倾向值。对某个接受本土留学教育的个体 A，比较常用的方法包括邻近匹配(找与 A 的倾向值得分最接近的未接受本土留学教育的个体 B 匹配)、半径匹配(以个体 A 的倾向值为中心，以某个数值为半径，在这个范围内的所有没接受本土留学教育的个体与 A 匹配)。核心匹配比较复杂，其基本原理是将没有接受本土留学教育的人的收入值(因变量取值)加权平均起来，而权重则是核心方程(kernel function)的取值(详见 Guo&Fraser，2010)。

步骤三：基于匹配样本进行因果系数估计。在这个匹配好的样本中，我们只需比较那些接受本土留学教育和没接受本土留学教育的个体的平均收入差值就可以估计出接受本土留学教育本身对收入的影响。由于配对样本的倾向值近似，配对个体在混淆变量上的取值极为近似，这样也就控制了混淆变量的影响。换句话说，我们得到的组间(接受本土留学教育和没接受本土留学教育)差异就只能归因于本土留学教育的有无。最后的结果如该文

表 5 所示(见图 4.6) 。

表 5　　　　　　　　　　**基于 PSM 模型本土留学教育收益率估计结果**

		因变量:平均月收入对数				
	实验组/对照组样本数	参数	系数	标准误	Z	P
最近邻匹配法	399/273	ATT	0.217	0.037	5.91	0.000
		ATU	0.151	0.048	3.14	0.002
		ATE	0.178	0.034	5.13	0.000
半径匹配法(0.001)	399/273	ATT	0.212	0.040	5.35	0.000
		ATU	0.148	0.047	3.15	0.002
		ATE	0.174	0.037	4.77	0.000
核匹配法	569/399	ATT	0.198	0.037	2.68	0.007
		ATU	0.186	0.038	4.91	0.000
		ATE	0.150	0.030	5.00	0.000

图 4.6

　　倾向值匹配最关注的无非就是三个结果:ATT、ATU 和 ATE。其中 ATT 表示处理组的平均处理效应,在该文中就是指有本土留学经历对工资的影响;ATU 指控制组的潜在处理效应,在该文中就是指没有本土留学经历的学生本土留学经历对他们的潜在影响;ATU 为标志平均处理效应。匹配结果表明:普通高等教育个体的潜在收益低于本土留学教育个体收益。ATU 数据表明普通高等教育个体接受本土留学教育的潜在教育收益为 16.2%((0.151+0.148+0.186)/3) ;ATE 数据表明接受本土留学教育对所有学生提高个人收益率的平均影响效应为 16.7%,从数值上看呈现 ATT>ATU>ATE。我们认为造成普通高等教育大学生潜在教育收益较低的原因可能是接受本土留学教育对提高工资收入的影响受个人能力、家庭背景等因素的约束所致。

　　需要说明的是,在社会学定量研究中,在完成了匹配以后,通常会比较每个混淆变量在接受本土留学教育组与非接受本土留学教育组之间是否还存在显著差异。理想情况是接受本土留学教育组与非接受本土留学教育组的混淆变量均值没有显著差异,这时我们可以说这样的配对样本是"平衡"(balanced) 的,但是关于匹配后的平衡性检验到底如何算是好的匹配还没有一个统一的标准。该文作者在匹配检验中指出"各变量均值的偏差下降了50.0%以上,两组变量的标准偏差控制在 10.0%以下,表示各协变量的均衡效果好,处理组和对照组的个体特征差异得以控制"。此外,该文图 1(见图 4.7) 揭示了实验组和对照组个体的倾向指数直方图,可以看出,两组样本数据均有重叠,存在共同取值范围,即满足共同支撑域假设(张紫薇、柯佑祥，2016)。

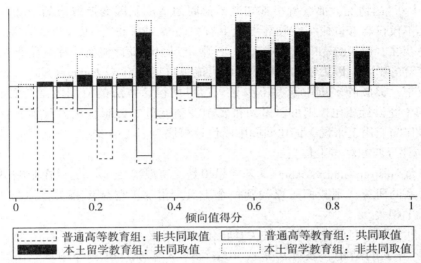

图 4.7　倾向指数拟合值的分布

二、倾向值匹配法的优点和缺点①

在社会学研究中，除了 PSM 方法以外，还有诸多方法可以帮助研究者来构建因果关系，这里选取了比较常用的回归中断设计、工具变量法，与 PSM 进行对比，以探究各方法的优劣。通过对比发现，PSM 在操作上更为简单，应用领域更广，优势较为明显。

(一)优点

1. 倾向评分匹配法与回归中断设计

回归中断设计(regression discontinuity design，RDD)最先由美国学者 Thistlethwaite 和 Campbell(1960)提出，并用来研究学习上的荣誉奖励与提升学生未来的学术成就的关系。具体来看，如果荣誉奖励是以成绩来规定的，则设考试成绩为 x，奖励的分数线设为 c，当 $x>c$ 时，学生获得奖励；反之则不获得奖励。此时，我们的自变量 x 在分数 c 处就建立了中断。

若随后的学术成就也相应地发生中断，即考试成绩在 c 以下的学生的学术成就没有考试成绩在 c 以上的学生的学术成就高，则可认为奖励与学术成绩之间存在因果关系。这里，回归中断设计主要是通过控制一个变量来实现对因果关系的推断，原因在于个体是否受到某个自变量的影响(即能否得到奖励)完全取决于单一变量 x(考试成绩)。换句话说，回归中断设计中只有一个混淆变量 x。该方法固然值得称道，但遗憾的是在现实中，很难

---

① 苏毅清，周永刚，王志刚.倾向评分匹配法的基本逻辑、应用领域和发展趋势.郑州航空工业管理学院学报，2015，33(03)：5-14.

找到只存在单一混淆变量的情况，教育学仅仅是个例外（Angrist and Lavy，1999）。

此外，从上述分析中不难发现，回归中断设计的另一个缺陷在于，如果其他自变量也出现某种"中断"的情况，那么就很难知道是何原因造成了因变量取值的中断。假设一个人是否获奖不仅仅与考试成绩在临界点上下有关（$x>c$ 或 $x<c$），也和年龄有关（例如年龄大的人容易获奖，而年龄小的人很难获奖），则回归中断设计就无法探究荣誉奖励本身对未来学术成就的影响，因为学术成就的中断可能来自年龄差异（Hahn et al.，2001）。

在研究中，类似的多重中断并不少见，这也使得该方法的应用范围受到极大限制。PSM 与回归中断设计相比，则可以做到将多个混淆变量的控制转化为对单一倾向评分的控制，从操作与应用上来说，都比回归中断设计简便与广泛得多。

2. 倾向评分匹配法与工具变量

工具变量（instrumental variable）的基本思想是，若混淆变量 U 的存在影响了对 X 与 Y 之间因果关系的研究，则我们可以找到一个工具变量 Z，它与 X 相关，但与 U 不相关，也不直接与 Y 相关。

因此，我们可以将研究 X 与 Y 的关系转化为研究 Z 与 Y 的关系，若 Z 与 Y 相关，则可得到 X 影响 Y 的结论。该方法常应用在经济学与传染病学等领域（Angrist，1996；Angrist Krueger，2001；Greenland，2000；Martensetal，2006；Newhouse 和 Mc Clellan，1998）。

然而，Imbens 和 Angrist（1994）、Wooldridge（2002）和 Bound（1995）则先后证明利用工具变量进行因果推论时需要满足诸多假设条件，如单位实验效果值稳定假设（stable unit treatment value assumption）、排除性假设（exclusion restriction）以及平均因果效果非零（nonzero average causal effect）等，这使得理想的工具变量的选取愈发困难。

相比之下，PSM 无须在操作和使用时面对如此多的假设的限制，只需满足非混淆假设与条件独立性假设等即可。相比较而言，PSM 相对工具变量受限更少，在使用上更加灵活。

（二）局限性

总体而言，该方法存在三个方面的问题。

1. PSM 需要的非混淆假设在现实的研究中很难得以满足。现实生活的多样性，使得并非所有混淆变量都能被观察，并通过 PSM 对其进行控制。这也正是许多运用 PSM 进行的研究都会直接明确地说明其研究结论是基于非混淆假设成立的基础上的原因所在。显而易见，如果非混淆假设不成立，那么由 PSM 所推断出的因果关系就会广受诟病（Brand and Xie，2010）。

2. 倾向评分匹配假定个体之间不存在相互影响，即"单位实验效果值稳定"的假设同样难以令人信服。基于事物间普遍联系的观点，该假设就很难具有说服力。即使我们认为有的情境可以满足，但这也只是遗漏了诸多无法观测的关系后所得到的假象。

3. 倾向评分匹配并不考虑变量间的交互作用，而只是关注某一自变量的效果，那么此时倾向评分匹配就会受到忽略变量（omitted variables）问题的影响，该局限性的存在，一定程度上限制了 PSM 的应用范围。

4. 倾向得分匹配法通常需要较大的样本容量来实现高质量匹配，因此有时不适用于小样本容量的研究，PSM 要求立足于控制组的倾向得分有较大的共同取值范围，否则会丢失较多的观测值，导致剩下的样本不具有代表性。

5. PSM 在被应用于效果评估研究时，已经暗含了一个变量对另一个变量存在因果关系，需要证明的只是因果关系是由哪些变量引起的，在这种情况下，倾向评分匹配会比较适用。但是，如果研究者对谁"影响"谁不是十分清晰，或者对于其需要考虑哪些混淆变量也不了解的话，该方法的科学性就会存疑。

第五章　双重差分法

相对于真实的实验，准自然实验无法控制一切无关因素。因此，准自然实验的基本特征是存在随机扰动和无关因素的影响。所以，需要使用双重差分、合成控制法、断点回归设计等统计分析方法。双重差分(differences-in-differences，DID)是学者们最常使用的准自然实验设计(quasi-experimental research design)，它适用于比较在不同时期受不同政策及环境因素影响的组别产生的效果。如何判断某项政策实施是否真的有效？我们会想到，通过比较政策实施前后经济个体的差异性，来评估政策效果，然而仅仅简单地比较政策前后的差异是否真的合理呢？显然这是不合理的，因为经济个体可能同时受到如宏观经济趋势或随机干扰等因素的影响，不能纯粹反映政策效果，而双重差分方法，却能够很好地解决该问题。本章节将介绍双重差分法在经济学政策评估中的应用，阐述应用时需要满足的关键假设和相应的分析策略，并展示应用研究中的分析步骤和其他拓展方案。

第一节　双重差分法的基本介绍

双重差分法，别名"倍差法"或"差中差"，是当前最为常用的因果效应估计方法。该方法最早由 Ashenfelter(1978)引入经济学，而国内文献中最早的应用或为周黎安、陈烨(2005)。其基本思想，是将公共政策视为一个自然实验，为了评估出一项政策实施所带来的影响，将全部的样本数据分为两组：一组是受到政策影响的，即处理组；另一组是没有受到政策影响的，即控制组。选取一个要考量的经济个体指标，根据政策实施前后的时间进行第一次差分，得到两组变化量(经过第一次差分，可以消除个体不随时间变化的异质性)；再对两组变化量进行第二次差分(以消除随时间变化的增量)，最终得到政策实施的净效应。

双重差分法作为政策效应评估方法中的一大利器，受到越来越多学者的青睐，概括起来有如下两方面的原因。首先，可以很大程度上避免内生性问题的困扰。一方面是由于政策相对于微观经济主体而言一般是"外生事件"或"自然事件"，一般情况下，只有与政策冲击相关的遗漏变量对结果才有影响，而几乎很少有微观因素能影响到政策的实施，因此遗漏变量和测量误差也不再是问题。另一方面，政策实施与否以及政策的目标群体往往是很明确具体的，从这一角度来看，实验样本挑选与分组是完全随机的，因而不存在反向因果问题。其次，传统方法下评估政策效应(比如 OLS)，主要是通过设置一个政策发生与否的虚拟变量然后进行回归，相较而言双重差分法模型设置更加科学，一定程度上也缓解了遗漏变量偏误问题，能更加准确地估计出政策效应。

一、两组两期 DID 设计原理

双重差分模型的原理是基于一个反事实的框架来评估政策发生和不发生这两种情况下被观测因素 Y 的变化。如果一个外生的政策冲击将样本分为两组——受政策干预的处理组（treat group）和未受政策干预的控制组（control group），且在政策冲击前，处理组和控制组的 Y 没有显著差异，那么我们就可以将控制组在政策发生前后 Y 的变化看做处理组未受政策冲击时的状况（反事实的结果）。

在图 5.1 中，与控制组（control）平行的直线代表处理组（treat）的反事实情形，则此时处理组与反事实情形的差值即为 DID 识别的处理效应。

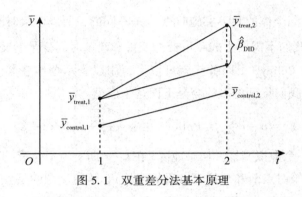

图 5.1 双重差分法基本原理

具体地，单一冲击时点的双重差分的模型如下：

$$Y_{it} = \alpha_0 + \alpha_1 d_u + \alpha_2 d_t + \alpha_3 d_u \cdot d_t + \varepsilon_{it} \tag{5-1}$$

其中，d_u 为政策虚拟变量；d_t 为时间虚拟变量；$d_u \times d_t$ 为两者的交互项；α_3 即为我们需要的双重差分估计量。

$$D_1 = E(Y \mid d_u = 1, \ d_t = 1) - E(Y \mid d_u = 1, \ d_t = 0)$$
$$= (\alpha_0 + \alpha_1 + \alpha_2 + \alpha_3) - (\alpha_0 + \alpha_1) = \alpha_2 + \alpha_3$$
$$D_2 = E(Y \mid d_u = 0, \ d_t = 1) - E(Y \mid d_u = 0, \ d_t = 0)$$
$$= (\alpha_0 + \alpha_2) - \alpha_0 = \alpha_2$$
$$DD = D_1 - D_2 = (\alpha_2 + \alpha_3) - \alpha_2 = \alpha_3 \tag{5-2}$$

通过比较处理组 Y 的变化（D_1）以及控制组 y 的变化（D_2），我们就可以得到政策冲击的实际效果（$DD = D_1 - D_2$）。见表 5.1。

表 5.1 　　　　　　　　　　　　　　两组两期 DID 的估计效应

	政策实施前	政策实施后	difference
treat 组	$\alpha_0 + \alpha_1$	$\alpha_0 + \alpha_1 + \alpha_2 + \alpha_3$	$\alpha_2 + \alpha_3$
control 组	α_0	$\alpha_0 + \alpha_2$	α_2
difference	α_1	$\alpha_1 + \alpha_3$	α_3

通常情况下，我们都习惯将固定效应引入双重差分模型，因为固定效应能够更为精确地反映两个维度上的变异性，并且可以在一定程度上帮助我们缓解遗漏变量偏误问题，所以我们见到更多的，会是下面这个双重差分模型的面板数据固定效应形式：

$$Y_{it} = \alpha_0 + \alpha_1 d_u \cdot d_t + \lambda_i + v_t + \varepsilon_{it} \tag{5-3}$$

其中，λ_i 为个体固定效应，更为精确地反映了个体特征，替代了原来粗糙的政策分组变量 d_u；v_t 为时间固定效应，更为精确地反映了时间特征，替代了原来粗糙的政策时间变量 d_t。

二、多组多期 DID 设计原理

更多情况下，不同个体的政策实施时点 d_t 是不同的，所以政策时间变量会变成 d_{it}（注意下标）。这时候，我们不需要生成政策分组变量和政策时间变量的交互项 $d_u \cdot d_{it}$，而仅仅使用一个虚拟变量 Policy_{it} 予以替代就可以了，用以表示个体在某一期是否实施政策。所以对于多期 DID，我们见到更多的会是下面这个模型：

$$Y_{it} = \alpha + \sum_{\tau = -M}^{N} \beta_\tau \, \text{Policy}_{i,\, t-\tau} + \gamma X_{it} + \lambda_i + v_t + \varepsilon_{it} \tag{5-4}$$

其中，$\text{Policy}_{i,\, t-\tau}$ 是一个虚拟变量，如果地区 i 在 $t - \tau$ 期实施了政策，则取值为 1，否则为 0（M、N 分别表示政策时点前和政策时点后的期数）。值得注意的是，在两组两期模型中，d_t 表示政策后虚拟变量（取 1 表示政策之后，取 0 则表示政策之前）；d_u 表示是否处理的分组变量（取 1 表示处理组，取 0 则表示控制组）。在多组多期模型的设计中，$\text{Policy}_{i,\, t-\tau}$ 显然就是两组两期 DID 中的 $d_u \times d_t$，表示当 $d_u = d_t = 1$ 时，取值为 1，其他情况取值为 0，换一种说法，$\text{Policy}_{i,\, t-\tau}$ 还表示个体 i 在 $t - \tau$ 期是否实施了政策。若是，必然满足 $d_u = d_t = 1$）。此外，在多组多期 DID 中，个体效应 λ_i 包含了 d_u 的信息（d_u 是 λ_i 的子集），因为两者存在共线性的缘故，不能同时放入模型，因此放入信息含量更多的 λ_i。

三、截面数据形式

截面数据形式的双重差分方法，又被称作"队列 DID"（cohort DID），是一种较为特殊的 DID 类型，常用于评估特殊历史事件对个体和家庭的长期影响（通常使用的都是横截面数据）。由于截面数据与面板数据相比，其不同之处在于它的不同时点的观测个体是不同的，但是它也有时间和个体两个维度，所以只要进行巧妙的构思，依然可以构建 DID 模型进行政策评估。计量经济学家伍德里奇在《计量经济学导论》一书 13.2 节举了一个经典的例子"垃圾焚化炉的区位对住房价格的影响"（Kiel and McClain，1995），来讲解混合截面 DID 的设计方法。与标准 DID 相似，队列 DID 也有两个维度的变异，通常而言，一个维度是地区，另一个维度是出生（年龄）队列，如果感觉难以理解的话，其实只需把出生队列这个维度理解为时间就好了。

第二节　双重差分法的检验与估计

一、双重差分法的基本假定

在介绍双重差分的检验与估计方法之前，先了解使用 DID 的前提条件，以直观地判断自己的研究主体是否真的合适用该估计方法。

在"政策冲击"或"自然事件"的选择上，应该事先考虑是否满足以下要求：(1)随机事件，保证实验发生时间的随机性；(2)样本随机分组，保证每个样本有同等机会接受同一实验处理；(3)控制组不受实验变项的任何影响；(4)同质性，即实验组与控制组样本是统计意义上的同质个体；(5)实验处理(政策实施)的唯一性，即实验期间应保证实验变项只出现一次。

随机性假设表示，在自然实验或准自然实验条件下，双重差分方法通过随机化的方式消除那些不可观察的无关因素的影响，对照组不受实验变项的任何影响。需要注意的是，如若所认定的事件本身就是系统内部运行或相关的结果，则不满足随机性假定。例如，我国在 2009 年用以应对国际金融危机而实施的财政扩张政策，在一定程度上内生于经济内部系统，因此它是与宏观经济环境高度相关的。

同质性假设表示，实验组与控制组样本是统计意义上的同质个体。在排除实验冲击政策冲击外，无关因素对个体影响是相同的。在统计意义上，处理组和对照组样本是同方差的同质性，意味着处理组和对照组样本，在实验前具有相同的趋势。平行趋势一般采用大样本随机抽样异方差检验予以实现。

实验处理的唯一性表示，双重差分研究所要考察的政策冲击，产生的变化应该是单次的，而非连续的事件。一旦出现多次的实验处理，实验效果便无法从中分离出来。而且，只要在实验处理的前后时间内，发生了与被解释变量高度相关的事件，就会导致有未考察到的变量对被解释变量产生较大影响。

根据以上条件可知，双重差分方法研究必须同时满足同质性假设、随机性假设，也有学者将其统称为平行趋势假定。也就是，在除"实验冲击"(政策冲击)外，无关因素对个体影响是相同的，在统计意义上处理组和对照组样本是同方差的。此外，处理组和对照组样本在"实验"前具有相同的趋势(平行趋势)。平行趋势一般采用大样本随机抽样、异方差检验予以实现，表现为 $E(\varepsilon_{it} \mid f_i) = 0$；随机性假设表示，在自然实验或准自然实验条件下，双重差分方法通过随机化的方式消除那些不可观察的无关因素的影响，即 $E(\varepsilon_{it} \mid \delta_i) = 0$，对照组不受实验变项的任何影响，即 $DD = D_1 - D_2 = 0$。

因此，经典双重差分法的一致性估计量至少需要满足以下三个条件：(1)平行趋势假设(common trend，CT)，即处理组如果没有受到政策干预，其时间趋势应与控制组一样，规范地对平行趋势假定进行检验是 DID 方法至关重要的部分；(2)个体处理稳定性假设(stable unit treatment value assumption，简称 SUTVA)，即政策干预只影响处理组，不会对控制组产生交互影响，或者政策干预不会产生外溢效应；(3)线性形式条件，即潜在结果变量和时间变量满足线性关系。

二、平行趋势假设的检验

从文献来看，最为常见的展示是否符合平行趋势假设的检验方法有两个：其一，对比不同组别因变量均值的时间趋势；其二，回归中加入各时点虚拟变量与政策变量的交互项（如本例中年份虚拟变量乘以实验组虚拟变量），若政策（或称为处理）实施前的交互项系数不显著，则表明的确有着平行趋势。

（一）图像证据

DID 研究设计依赖于共同趋势假设：影响结果的未观测变量要么是不随时间改变的组内特征，要么是不随组别改变的时间趋势。直观来看，该假设意味着各组结果变量的时间序列图像在处理发生前应该是一组平行曲线。因此，当拥有的数据超过两期时，可以通过画图来直观判断平行趋势假设是否得到满足。

举个例子，假设考察某一政策冲击对企业生产率的影响。政策发生在 2001 年，样本期间为 1995—2006 年，便可以画出 1995—2001 年间实验组和对照组的年度生产率（年度生产率均值）趋势图，如果两条线的走势完全一致或基本一致，说明 CT 假设是满足的。

对于只存在两个观察期的 DID 设计，共同趋势假设是无法验证的（如上个小节中图5.1 所示）。此时，因为前后各仅有一期，实际上较难以识别平行假设是否成立，因而我们通常会要求样本在政策发生前必须保持较长的观测时间序列，以加强这一假设的稳健性。

在上一小节中介绍的多期双重差分法中，不同个体的政策实施时点不同，所以平行趋势检验会稍微复杂一点，我们需要对政策时间进行中心化处理（各期时间减去各自政策实施间）。在多个时间节点信息的 DID 模型中，我们可以对不同样本组因变量的变化趋势进行观察。平行趋势要求处理组和控制组在政策时点前具有一致的趋势（平行）。当然，不同组别样本在政策时点前具有平行趋势，并不代表着政策发生之后的时间段内依然具有反事实意义上的平行趋势。在上一小节的"多组多期 DID 设计原理"中，我们提到用多期双重差分法可以建立如下的回归模型：

$$Y_{it} = \alpha + \sum_{\tau=-M}^{N} \beta_\tau \, \text{Policy}_{i,\,t-\tau} + \gamma X_{it} + \lambda_i + v_t + \varepsilon_{it} \tag{5-5}$$

那么，当 $\tau = 2$ 时，虚拟变量 $\text{Policy}_{i,\,t-2}$ 表示地区 i 在 $t-2$ 时期实行了政策，其衡量的就是政策实施后第二年的效应了。但若研究情境中存在处理发生前的多个时期，我们便可以通过分组绘制结果变量均值的时间序列图像来初步判断共同趋势假设是否成立。这种方法比较适用于时间序列较长且结果变量均值跨期波动平缓的情形。图像证据还有助于展示政策冲击的强度，为后续的统计检验作铺垫。

（二）组内特异线性趋势

当存在两期以上的观测数据时，通过拟合包含组内特异线性趋势（group-specific linear trends）的拓展 DID 回归方程也可以检验共同趋势假设是否成立：

$$Y_{gt} = a_g + b_t + \beta_g(a_g \times t) + D_{gt}\delta + \varepsilon_{gt} \tag{5-6}$$

若通过 F 检验得出 β_g 联合显著，则可以认为共同趋势假设失效。实践中，研究者常采用更加简便(随意)的判断方式：若处理效应的估计值对是否控制组内特异线性趋势不敏感，则可以认为 DID 设计是有效的。

还是举刚才的例子，假设考察某一政策冲击对企业生产率的影响，政策发生在 2001 年，样本期间为 1995—2006 年，可以建立如下的回归模型：

$$Y_{it} = \alpha_0 + \alpha_1 du + \alpha_j \sum_{j=1995}^{2000} dt_j + \alpha_k du \cdot \sum_{k=1995}^{2000} dt_k + \varepsilon_{it} \tag{5-7}$$

其中，du 还是分组虚拟变量，但这时 dt 有所变化，dt 为年份虚拟变量，当年份为 1995 时，dt 取值为 1，反之为 0，当年份为 1996 时，dt 取值为 1，反之为 0，等等。从而，政策实施前有 6 个年份虚拟变量，以及 du 与其得到的 6 个交互项。交互项的系数反映的便是，对于政策实施前的某一年实验组和对照组的差异。如果回归得到的这 6 个交互项都不显著，说明政策实施前实验组和对照组不存在明显的差别，从而 CT 得证。其实，"都不显著"可以稍微放松，即便存在一两个显著的情况，但只要这 6 个联合不显著，也是能够说明问题的。

(三)组分变化的平衡检验

在随机对照试验和匹配设计中，研究者为了证明处理组和控制组在处理发生前是类似的，需要给出两组协变量呈相似分布的证据。而在适用于双重差分的情境中，处理组和控制组在处理发生前通常也存在差异，所以仅仅呈现协变量平衡表无法说明研究设计的有效性。真正需要证明的是两组之间的差异不会随时间改变，并且处理发生的变动与协变量分布的变动无关。令 C_{gt} 表示组 g 在 t 时期可观测的协变量，则可以估计如下的协变量平衡回归方程(covariate balance regressions)。

$$C_{gt} = a_g + b_t + D_{gt}\delta' + \varepsilon_{gt} \tag{5-8}$$

为了探究政策处理与协变量变动是否存在关联，需要检验原假设 $\delta' = 0$。除了统计显著性之外，还需要关注 δ' 的数值大小。

(四)安慰剂检验

验证完共同趋势假设以后，检验步骤就结束了吗？显然不是，即便 CT 假设满足，我们也不能拍着胸脯说交互项的系数反映的一定是我们关注的政策效应而不是其他什么东西，这就需要进一步的稳健性检验以论证估计结果的可靠性了。在一般稳健性检验的基础上，双重差分检验步骤中，有一项重要的稳健性检验，叫作安慰剂检验(placebo test)。

最常见的安慰剂检验方法，是在回归中用非真实的政策时点进行回归。假如在真实的样本中，第 t 期实施了某项政策，记 $t-1$ 期为 t 期的前一期，$t+1$ 期为 t 期的后一期，我们可以选取政策实施之前或之后的年份进行处理，比如"假想"政策是在 $t-1$、$t+1$ 等时期实施的，并利用 DID 方法计算这种人为"假想"出来的政策的处理效应。因为这些政策变量是我们人为"假想"出来的，所以我们期望估计出来的处理效应不显著。例如，原来的政策发生在 2008 年，研究区间为 2007—2009 年，这时可以将研究区间前移至 2005—2007 年，并假定政策实施年份为 2006 年，然后进行回归。

如果此时处理效应显著，产生这种现象的原因，可能是在政策发生前，人们已经预期到政策将会实施。如果我们可以排除样本个体预期，那么就可以证明不符合平行趋势假定，因为假想的任何"虚拟"政策的处理效应都可以理解为"选择性偏误"。

同理，安慰剂检验的另一种思路，是选取已知的并不受政策实施影响的群组作为处理组进行回归。如果不同虚构方式下的 DID 估计量的回归结果依然显著，说明原来的估计结果很有可能出现了偏误。

(五)其他稳健性检验

双重差分法中常用的其他稳健性检验，还包括：(1)利用不同的对照组进行回归，看研究结论是否依然一致；(2)选取一个完全不受政策干预影响的因素作为被解释变量进行回归。如果 DID 估计量的回归结果依然显著，说明原来的估计结果很有可能出现了偏误。要说明的是，如果回归结果显著，说明原结果是一定有问题的，而如果回归结果不显著，并不一定能表明原结果没问题。

第三节　双重差分法的拓展应用

(一)三重差分法(triple-difference method)

当准自然设计中存在多个维度的处理和对照样本时，可以考虑采用三重差分法(triple-difference method)。三重差分法的思路是，既然两个地区(分别指实验组和对照组)的时间趋势不一样，那么我们可以分别在两个地区寻找一个没有受到干预影响的人群/行业，通过对这两组的双重差分估算出时间趋势的差异，然后再从原来实验组和对照组的双重差分估算值中减去这个时间趋势差异。

我们用一个例子来通俗地阐述 DDD 三重差分的思路。我们现在想要研究香港地区推行的针对 60 岁以上的老年人的医保政策，假定该政策生效日期是 2008 年，那么我们想要知道是否这个医保政策促进了香港地区老年人的健康？每当看到这个的时候我们首先需要问自己，这里面出现了几个有效信息？

从这个描述来看，我们能够得到三个有效信息：第一，该政策是在香港地区实行，第二，该政策是针对 60 岁以上老年人，第三，该政策生效日期是 2008 年。如果你发现有三个有效信息，一般而言，我们最好采用 DDD 三重差分法来更好地估计该医保政策的效果。标准的 DID 双重差分法，实际上是提供了两个有效信息：香港地区和 2008 年，即在 2008 年香港地区执行该项医保政策，现在的情况是三个有效信息。

我们推演一下，为什么此处最好使用三重差分法来获得政策效应。如果不考虑其他没有执行该项政策的内陆省份的情况，直接采用 2008 年之后香港地区 60 岁以上的老年人健康状况与 2008 年之前的香港地区 60 岁以上的老年人健康状况，那谁知道健康状况的变化是不是因为金融危机造成的，所以这里面的混淆因素就理不清楚了。所以，我们需要把其他没有执行该医保政策的内陆省份包括进来作为控制组，来控制这些大环境因素造成的健康状况变化。

另外，如果直接用香港地区 60 岁以上老年人群体的健康状况（处理组）减去 60 岁以下中年人群体的健康状况（控制组），那有什么大的问题呢？我们压根分不清这个处理组与控制组健康状况差异到底是不是由于这个医保政策造成的，毕竟老年人和中年人群体的健康状况本来就存在系统性的差异。

标准的三重差分就像下面这个式子所展示的那样，它的变异形式就比较广了，只要有三个交互项的乘积在里面（DID 乘以其他任何一个变量），那它就可以叫做三重差分。

$$y = \beta_0 + \beta_1 dB + \beta_2 dE + \beta_3 dB \cdot dE + \delta_0 d_2 + \delta_1 d_2 \cdot dB + \delta_2 d_2 \cdot dE + \delta_3 d_2 \cdot dB \cdot dE + u$$

$$(5\text{-}9)$$

（二）渐进性/交错型双重差分法（staggered DID）

非同期接受处理的双重差分模型（DID）被称为交错型双重差分（staggered DID）。在控制双向固定效应后，其核心变量前系数表示各类基本 DID 估计值的加权平均。DID 的基准模型设定为非同期接受处理的组别之间的差分。若有 K 组不同处理时间的处理组，则会产生 $K \times K$ 种 DID 基准模型的比较。除平行趋势假设外，还需假设处理效应不随时间变化，才能使交错型 DID 的核心系数表示为方差加权后的平均处理效应，否则就会产生估计偏误。

交错型 DID 的系数分解有两方面作用。一方面，系数分解有助于进一步考察每一类比较所占权重、不同类型比较效果的差异、剔除某一处理组后效应的变化等内容，从而对识别进行进一步诊断。另一方面，可以进行协变量的平衡性检验（balancing test），以作为平行趋势假定的间接检验。

在某些情形下，研究对象被"处理"的时间存在先后差异，政策从试点开始，逐渐推广，这就构成了一种渐进性的双重差分模型。比如，Wang（2013）在研究经济特区（开发区）的分批设立对地区经济的影响时，就利用了这种渐进性双重差分法的方法和思想。

一般而言，进行政策效果评估需要知道以下要素：政策措施（treatment）、观察结果（outcome）和对照组（control group）。评估"政策措施"对"结果"的影响时，对照组就成为一个参照系。具体到研究设计上，可以用一个处理变量，来反映 i 观测对象在 t 年份是否受政策影响：某地受影响的当年和此后各年取值 1，否则为 0。这样的设置就自动产生了"处理组"和"对照组"，以及"处理前"和"处理后"的双重差异。

由于交错型 DID 可能产生估计偏误，改进它的主要方法有两种，分别是事件研究法（event study）和堆叠型 DID（stacked DID）。

（三）事件研究法

事件研究法（event study）在金融学领域应用较多，其主要思想是：使原本接受处理日历时间（calendar time）不一致的交错型 DID，重组为接受处理相对时间（relative time）一致的数据。事件研究的第一步，是明确所研究的具体事件（event），第二步是确定事件窗口，即以事件日为轴心，向前向后各若干日（周、月）。窗口的长短要考虑两个因素：一是事件影响力的时间长短，时间长的适合长窗口；二是其他事件的干扰（噪音）。如果在金融、会计等领域，则需要确定事件窗口，以及以日收益率、周收益率还是月收益率作为股价波动的计量标准。为了避免在选定的窗口内发生其他事件的影响，我们要么将这种个案从样本中剔除，要么缩短事件窗口。缩短了的窗口可能不能完全反映事件的影响力，而剔除一部分个案则要冒累积平均异常收益率（CAR）失真或统计检验不过关的风险。实际研究过程往往要在二者之间进行权衡。

在事件研究法的模型中，一系列核心虚拟变量表示的是当前时点距离个体处理实施的相对时间间隔。在处理这类模型时需注意：为避免共线性，需舍弃一个虚拟变量，通常为处理前一期；若不存在始终未经处理的控制组，为避免额外的共线性，需再舍弃一个虚拟变量，通常为最早的处理前相对时期，或通过删去（trimming）或合并（binning）相对于处理较远的相对时期，得到关于相对时间的平衡面板。由此，通过重组数据结构，可以将交错型 DID 转换为相对处理时间一致的数据，从而使用常规 DID 的思路进行平行趋势检验，并识别其动态处理效应。若事件研究结果显示处理效应存在明显趋势，则可以将核心解释变量替换为相对时间虚拟变量与线性时间趋势的交互项，从而获得更有效的估计。

（四）堆叠型双重差分法

另一种处理交错型 DID 的方法是堆叠型 DID（stacked DID）。具体而言，若存在 K 个处理时间组，则首先据此生成 K 个数据集，并在每个数据集中只保留在该时点接受处理的和可以作为处理组的两类数据。其次构造虚拟变量，其中当前开始接受处理的个体标记为 1，距当前一段时间内尚未接受处理的个体取 0。最后将 K 个数据集合并，构成重组后的合并数据集。由于一些个体可能重复出现多次，因此标准误需聚类到数据集层面。上述构造方式保证早处理组不会作为控制组，从而使核心变量前的系数表示每个数据集中定义良好的基本 DID 结果的加权平均。

较为经典的文献可参考提高最低工资标准对低工资就业的影响（Cengiz et al., 2019）。文章采用事件研究分析方法，利用 1979 年至 2016 年期间 138 个美国主要的州级最低工资增长情况开展研究，估计最低工资增加发生前 3 年和发生后 5 年每美元工资区间的就业变化。因此，文章将工资分布划分为一个个工资区间，使用这些工资区间来评估最低工资增加产生的影响。研究发现最低工资提高的后 5 年内，低于新最低工资的工作岗位数量大幅下降；在最低工资处或略高于最低工资处出现超额工作。

（五）连续双重差分法

连续型双重差分法，主要用来处理样本异质性问题，以避免回归结果产生的偏差。在标准 DID 模型中，政策分组变量 d_u 是二值虚拟变量，这种设定仅仅体现的是个体实行政策与未实行政策的区别，无法体现出程度的变化。有些情况下，不同个体受政策影响的程度是不同的，也就是说地区（个体）维度的变化并不是从 0 到 1 的变化，而是一种连续型的变化。根据这一思想，我们其实可以将地区（个体）维度的政策分组虚拟变量替换为一个连续型变量，用以反映程度的变化，从而也就衍生出了一种扩展的（准）DID 模型——连续型 DID。

Moser 和 Voena（2010）研究了一些发展中国家"实施强制许可制度是否能促进本国相关产业技术进步"的问题，论文借助第一次世界大战后 1917 年 10 月 6 日美国通过的《敌对国家贸易法案(TWEA)》作为外生的自然实验,利用美国有机化学产业中的 19 个组行业(下含 7248 个子行业)在 1875 年到 1939 年的数据。在这篇论文中,作者发现:子行业当年只要得到一个强制许可专利,就视为处理组。相当于前文基准模型中的组别虚拟变量 d_u 和处理时间虚拟变量 d_t 的交互项。常规情况下,处理变量在处理前后赋值为 0 和 1。这种方式的不足是忽视了样本的异质性,不能体现处理程度的差异。例如,得到 1 个强制许可专利的是处理组,得到 10 个的也是处理组,但它们的影响肯定是不同的,可都赋值为 1。针对这个情况,国外开始采用所谓连续型 DID,在该篇论文中,作者使用强制许可专利数、终身专利数及其平方项的连续变量作为处理变量的代理变量,从形式上看就是标准的面板双固定效应模型,也是 DID 的外延进一步拓展。

(六)模糊双重差分法(fuzzy DID)

在许多 DID 方法的应用中,某些组的政策干预率比其他组增加更多,但没有组从完全未干预状态变为完全干预状态,也没有组仍然处于政策完全未干预状态。在这种模糊设计中,Chaisemartin 和 D'Haultfœuille(2018)提出了各种估计,以确定不同假设下的局部平均和分位数处理效应。他们还提出了可用于非二元处理(non-binary treatment)、多时期(multiple periods)、多组和协变量应用的估计,因此在 Stata 操作中可使用 fuzzydid 命令计算各种相应的估计量。

第四节 双重差分方法使用中的问题及修正

需要特别强调的是,近年来的双重差分研究发展迅猛,但实际应用中却存在诸多问题,主要包括内生性、控制组受影响、样本异质性及概念混淆等问题。如果研究者忽略研究设计中存在的缺陷,没有采取有效的方法缓解或消除这些缺陷,那么就会使政策评估出现偏差乃至完全相反的结论。

在 DID 模型的设计上,应注意规避的首要问题,就是不完全满足基本前提条件。如果忽视了这些条件,将一些不合格的政策冲击视为自然实验,就会导致实验评估结果存在偏差甚至错误。相关误区包括:

(1)处理组与控制组划分不严谨。政策内生性和选择性偏误分组不当,导致无法满足随机分组和随机抽样的条件,是造成政策内生性和选择性偏误的根本原因。理论上,通过随机分组和随机选取处理时间实现平行趋势假定,才能根据对照组在处理后的值推算出处理组。在没有接受处理的情况下(也就是反事实估计中),如果处理组和对照组相减也得出类似的平均处理效应,则说明分组和选择样本的目的性太强,以随机性为主要假设的自然实验前提难以成立。

(2)政策实施时点不一致处理有误。在实际研究中,对于作为外生实验的政策选择尤其需要谨慎。我国绝大多数的政策实施并非一次严谨的自然实验,并没有以一刀切的方式在同一时期推进改革政策,因此不满足进行双重差分研究所需的基本条件与前提假设。

(3)准自然实验的结论直接外推。通常基于准自然实验的研究结果并不一定可推论到研究对象以外的其他对象，或此次研究情境以外的其他情境。比如说，用市级面板数据得出的政策效果可能不适用于其他省份及全国，那么经济学界常用的以点及面、管中窥豹的研究推论在双重差分研究中尤需谨慎。

第六章　样本自选择模型

因果关系实证分析依赖的是通过样本去推断总体的因果关系。如果样本数据是通过随机抽样取得，那么样本就代表了总体；如果样本数据不是通过随机抽样取得，而是个体自选择产生的，那么样本数据就代表不了总体，从而用样本去估计总体就会产生选择性偏差。为了解决选择性偏差问题，赫克曼（Heckman）不是试图通过随机试验来消除样本选择对于干预效果的影响，而是借助科学研究，去发现造成自选择偏差的真正原因，并将这一选择性偏差进行模型化，形成了关于选择的模型和关于结果的模型这两个模型。这种将选择和结果分别建立模型，并且强调它们之间内在逻辑关系结构形成了因果推理的结构计量经济学路径，也是因果推理中科学模型的核心思想（李文钊，2018）。赫克曼的科学模型不仅对于社会科学研究有非常重要意义，而且对于政策评估有突出的价值。

本章聚焦于样本自选择模型，旨在理解样本自选择偏差产生的原因、具体分析的基本方法以及模型的应用实例。本章共分为四节，具体安排如下：第一节讨论了样本自选择产生的原因，即基于可观测变量选择和基于不可观测变量选择；第二节讲解了处理样本偏差方法的基本原理以及其中的一种方法——赫克曼两步法的理论基础；第三节用一个实例讲述了如何运用赫克曼两步法以及赫克曼两步法可能存在的问题；第四节延伸了样本自选择模型的运用，即用其来解决内生选择变量处置效应模型问题。

第一节　样本自选择产生的原因

对样本选择偏差问题的方法研究由来已久（Berk，1988；Lieberson，1985），而在经济学里对样本偏差问题的研究也日益增长，最近对这一问题的经济学研究主要集中在以下三个方面：（1）样本选择问题无处不在，而抽样结果受到人为干扰（Heckman，1974）；（2）在实验与非实验数据的背景下，样本选择模型与项目评估以及其他类型的效果评估有密切的关系（Heckman & Robb，1985）；（3）要使样本偏差模型得到稳健性结果，需要诸多的假设条件（Arabmazar & Schmidt，1982）。

微观计量经济学中最常见的问题之一是样本选择问题。在一般的统计或计量经济学研究中，用于估计所研究系统的参数的数据依赖于从总体中抽取的样本。如果所抽取的样本是随机的，即以类似"抽签"的方式获得的样本，根据这些样本数据所估计的各种参数能够准确反映总体的相关特性，所估计的参数也是无偏的和一致的。而且随着抽取的样本量增大，其对事件的总体特征分布的描述会变得更加准确。

但是，如果所抽取的样本不是随机的，那么无论其选择的样本容量有多大，则根据这

47

些样本数据所估计的参数就不能准确反映所研究总体性质的分布。但是，在不同的事件的研究中，大多数抽样都不是随机的，这是因为：事件的总体总是会相当庞大，甚至是没有边界的；另外，在经济学领域内获取的数据，一般都是非实验数据。因此，多数的抽样只能是在研究者所选择的界定范围和规则内进行，这就可能出现抽样选择的偏差，或是未把相关联的变量放入抽样，或是把不相干的变量放入抽样中。

例如，研究一个地区已婚妇女的工资状况。这个地区的所有适龄已婚妇女(包括就业与非就业妇女)构成研究的总体。在研究中，一般不可能获得所有这些妇女的资料，而只能得到一部分就业妇女的相关资料。这部分提供资料的被调查妇女就构成研究的样本。

现在，研究的目的是通过样本中被调查妇女提供的劳动数据，去分析所有适龄妇女(总体)就业时她们工资水平的一些决定因素。所调查的妇女可以是随机地从总体中抽取的，但只有就业妇女能够提供有关她们工资水平的资料，所以只能研究就业妇女的样本数据。可以把就业与不就业看做个人的一种决策，妇女的这个决策如果不依赖于所要研究的劳动工资的决定因素，那么，即使所研究的只是已就业妇女的资料，我们也可以把所抽取的样本看做随机的。因为，理论上说，决定妇女就业不就业的因素是外生的，它不影响所要研究的问题。

但是，妇女选择就业与不就业往往不是外生的，而通常是由所研究的问题决定的。例如，工资水平的高低、工作环境的好坏显然会影响妇女的就业选择。这样，以就业妇女作为研究样本就不再是随机的，而是部分地由所研究问题的某些因素所决定，也就是说，所研究的某些问题影响了样本的选取。如果按照传统的方法，通过这种样本所估计的参数就不能很好地反映总体的性质，它们会有所偏差。另一方面，如果决定妇女就业与不就业选择的因素或信息可以通过调查获得的话，在传统的分析方法中增加相关的变量就可以解决样本的选择偏差问题。当这些信息无法获得时，传统方法就难以处理。由于导致统计推断产生偏差的样本的非随机性是由所研究的对象(在这里是妇女)的个人决策造成的，这个问题也叫自选择问题。样本选择偏差还可能来自研究人员的某些决定或数据处理过程。

同时，样本选择偏差也可以理解为样本自选择。样本自选择问题的产生，是由于观测样本的非随机抽取。这里的非随机抽取，指的是，由于条件限制，我们无法做到样本空间完全代表总体，从而产生样本自选择偏差。具体而言，这里的非随机性，一种情况是可能抽样方法非随机，另一种情况可能是虽然是随机抽样，但部分样本的数据无法获取，只能使用部分完整数据的样本。以上面的例子来说明，在研究教育水平对已婚女性工资水平的影响这一问题中，首先，对在职女性随机抽样，但是，女性受教育水平与其他因素(如家中小孩数量)会共同决定是否参加工作，也就是说在职的女性参加工作是受到其受教育水平的影响，故在职女性样本为自选择样本，受教育水平与其他因素共同决定样本的选择。其次，若对所有适龄妇女随机抽样，但部分女性可能没有就业，故没有工资数据，也就是部分被解释变量数据缺失，那么我们只能用在职的已婚妇女样本去推断总体已婚妇女的工资水平的分布性质，这也会造成推断偏差。总之，样本的非随机抽取与部分被解释变量的缺失，都会造成样本自选择偏差。

简言之，当我们对样本进行非随机抽取(只是对在职已婚妇女抽样，那么样本仅仅代表的是已婚的在职妇女，而非整体的已婚妇女），或者是部分样本数据缺失（抽取的样本里面部分已婚妇女未就业，缺失她们的工资数据），这两种情况都会导致样本偏差问题。

赫克曼两阶段模型或赫克曼两步法就是解决这种选择的偏差和自选择的问题。

下面通过一个具体的例子通过数据分析来解释样本自选择偏差。

在这里，我们想知道毕业一年内的大学生在金融行业就业的工资水平与毕业学校质量的关系。一般而言，工资与个人工作经验、受教育程度、年龄、努力程度、性别等都有关系；这里为了简化分析，就假定毕业一年内的大学生在金融行业就业的工资水平只与受教育程度和自身工作努力程度相关。这里，将毕业学校质量作为受教育程度的代理变量，这是可观测的；具体而言，我国大学一般分为一本、二本和三本，其取值分别为 3、2、1，数值越高，表明其质量越好；自身努力程度是不可观测的。两者无关且都影响工资水平。

这里，我们假定对毕业一年内金融行业就业的大学生进行随机抽样，也就是大学生一年内从事金融行业是随机分配的，而非个体自我选择的。随机分配从事金融行业的样本特征分布和总体的特征分布是一致的。对随机分配从事金融行业的一年内大学毕业生观测到他们的毕业学校质量与工资水平，然后估计结果方程：

$$W_i = \alpha + \beta Q_i + e_i \tag{6.1}$$

其中，W_i 是工资，Q_i 是毕业学校质量，e_i 是个体不可观测特征。为了方便讨论，如是所述，假设不可观测特征 e_i 是个人工作努力程度，并且个人工作努力程度 e_i 和毕业学校质量 Q_i 在总体里是不相关的。由于随机分配的样本代表了总体，因此在随机分配的样本里，个人工作努力程度 e_i 和毕业学校质量 Q_i 也不相关。

大学毕业生的毕业学校质量 Q 和自身工作努力程度 H 对其工资水平 W 的影响可以由路径图来表示，见图 6.1。

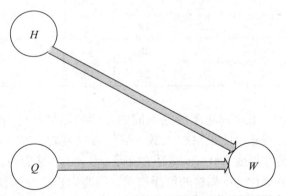

图 6.1　变量路径随机：随机分配从事金融行业的样本

因果路径图表明了毕业学校质量 Q_i 对工资水平 W_i 的影响只有一条路径 $Q_i \rightarrow W_i$，那么可以肯定的是，通过回归方程得到的回归系数 β 就反映了两者之间的因果关系。

为了进一步理解，我们用一个具体的数据例子来解释。假设现在对金融行业的一年内大学毕业生进行随机抽样，获得一组数据，如表 6.1 所示。

表 6.1　　　　　　　　　　随机分配从事金融行业的个体情况

工资 W(千元/月) (可观测到)	毕业学校质量 Q (可观测到)	努力程度 H (不可观测到)
14	1	−10
18	1	0
19	1	10
15	2	−10
19	2	0
20	2	10
16	3	−10
20	3	0
21	3	10

为了更好理解表 6.1 的数据，我们对该数据进行个体特征分布的整理。如表 6.2 所示。

表 6.2　　　　　　　　　随机分配从事金融行业的个体特征分布

	工资			人数分布			平均工资
	(1)	(2)	(3)	(4)	(5)	(6)	(7)
	自身努力程度			自身努力程度			
毕业学校质量	−10	0	10	−10	0	10	
1	14	18	19	1	1	1	17
2	15	19	20	1	1	1	18
3	16	20	21	1	1	1	19

表 6.2 第(1)、(2)、(3)列显示的是不同毕业学校质量和努力程度的个体对应的工资。第(4)、(5)、(6)列显示的是对应人数。从中可以发现，对于任何毕业学校质量的水平组而言，平均的努力程度为 0，也即是 $E(H_i \mid Q_i) = 0$。这说明，在随机分配数据里，努力程度的期望值并不随着学校质量的值而改变，即努力程度与学校质量是无关的。第 7 列是不同毕业学校质量样本的平均工资，可以看到学校质量每提高 1，平均工资增加 1000 元。

用回归方程 $W_i = \alpha + \beta Q_i + e_i$ 去估计结果，由于自身努力程度是不可观测的，属于回归的干扰项，并且 $E(H_i \mid Q_i) = 0$，那么用 OSL 估计这个模型得到的系数 β 不会受到干扰项的影响，它反映了毕业学校质量对工资水平的因果影响。

表 6.3 是利用表 6.1 中随机分配的 9 个观测值进行回归得到的结果：

表6.3

Source	SS	df	MS			Number of obs =	9
						F(1,7) =	1.00
Model	6	1	6			Prob>F =	0.3506
Residual	42	7	6			R-squared =	0.1250
						Adj R-squared =	0.0000
Total	48	8	6			Root MSE =	2.4495

wage	Coef.	Std. Err.	t	P>|t|	[95% Conf. Interval]	
quality	1	1	1.00	0.351	−1.364624	3.364624
_cons	16	2.160247	7.41	0.000	10.89183	21.10817

结果显示，$W_i = 16 + Q_i + e_i$。可以发现，学校质量与工资水平正相关，且学校质量每提高1个程度，工资就会提高1000元。这个结果与表6.2中的数据一致。虽然我们无法观测到个人的努力程度，但由于随机分配样本中个人努力程度与毕业学校质量不相关，把它放入回归方程的干扰项满足干扰项与解释变量不相关的条件，因此回归结果准确地反映了毕业学校质量Q对工资W的因果影响。

图6.2显示了回归结果。

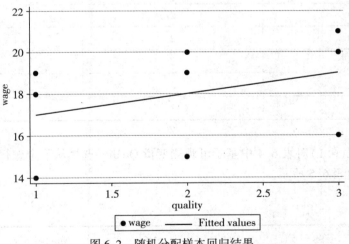

图6.2　随机分配样本回归结果

但是，这里假定的是大学毕业生在一年内金融行业就业是随机的，并不是个体自我选择的。如果大学毕业生觉得自己毕业学校质量或者自身努力程度会影响自己在金融行业就业的话，那么就可能出现个体样本特征的分布与总体不一致的情况。这种样本就成为自选择样本。样本的自选择(sample self-selection)又分为两种情况：

第一种情况是个体选择是否从事金融行业只受到可观测特征(毕业学校质量)的影响，这造成样本中可观测特征分布与总体不同，这类样本选择称为"基于可观测变量选择"。这类样本选择不会造成估计结果偏差。

比如，毕业一年内的大学生从事金融行业的阈值为个体可观测的毕业学校质量为 2，也就是只有毕业学校质量为 2 或者是 3 的毕业生才觉得毕业一年内从事金融行业有前途、才会进入金融行业，而毕业学校质量为 1 的毕业生则觉得毕业一年内进入金融行业并不可取，不会进入金融行业。可以用一个简单的公式表示上述假设：

$$Utility_i = Q_i - 2$$

只有从事金融行业的效用 $Utility_i \geq 0$，个体才会选择从事金融行业；反之，个体选择不进入金融行业。也即毕业学校为一本或二本的学生才会在一年以内从事金融行业，那么以上数据变为 6 个观测值，要求 $Q = 2$ 或者 3。

表 6.4 显示了基于可观测变量 Quality 选择从事金融行业的样本，毕业学校质量为 1 的 3 个人没有工资。体现在数据里，当 $Q=1$ 时，W 缺失了 3 个观测值。

表 6.4　　　　　　**基于可观测变量 Quality 选择从事金融行业的样本**

工资 W（千元/月）（可观测到）	毕业学校质量 Q（可观测到）	努力程度 H（不可观测到）
.	1	−1
.	1	0
.	1	1
15	2	−1
19	2	0
20	2	1
16	3	−1
20	3	0
21	3	1

用回归方程（6.1）对表 6.4 中基于可观测变量 Quality 选择从事金融行业的样本数据进行回归，结果如表 6.5 所示。

表 6.5

Source	SS	df	MS		Number of obs =	6
					F(1,4)　　=	0.21
Model	1.5	1	1.5		Prob>F　　=	0.6675
Residual	28	4	7		R-squared　=	0.0508
					Adj R-squared=	−0.1864
Total	29.5	5	5.9		Root MSE　=	2.6458

wage	Coef.	Std. Err.	t	P>|t|	[95% Conf. Interval]	
quality	1	2.160247	0.46	0.667	−4.997807	6.997807
_cons	16	5.507571	2.91	0.044	0.7085327	31.29147

结果为：$W_i = 16 + Q_i + e_i$。依旧表明学校质量与工资水平的正相关性，且当毕业学校质量提高 1，则工资提高 1000 元，与随机分配从事金融行业的样本结果一样。图 6.3 显示了缺失 Quality = 1 时的 3 个观测值时的回归结果。

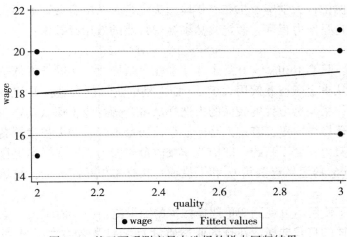

图 6.3 基于可观测变量自选择的样本回归结果

以上这类样本的缺失通常被误认为是样本选择偏差。事实上，虽然它造成了样本与总体的不一致，但由于是可观测变量造成的，在结果方程里通过控制可观测变量就避免了偏差。在本例中，由于结果方程已经控制了可观测变量 Quality，因此基于 Quality 进行自我选择而造成样本与总体的差异并不会导致估计偏差。

图 6.4 显示了使用可观测变量自选择样本的变量路径图。毕业一年内从事金融行业的效用 Utility 变量和毕业学校质量 Quality 变量之间有一条因果路径 Quality→Utility，如果选择毕业一年内从事金融行业的样本，就等于给定 Utility≥0。给定 Utility≥0 并不会产生混淆路径。毕业学校质量 Quality 和工资 Wage 之间仍然有一条因果路径 Quality→Wage。因此，仍然可以使用可观测变量自选择产生的样本进行回归，用 OSL 仍然可以正确估计 Quality 对 Wage 的因果影响。

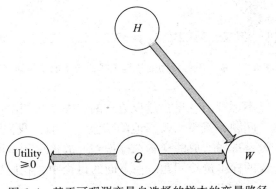

图 6.4 基于可观测变量自选择的样本的变量路径

　　第二种情况是个体选择是否从事金融行业不仅受到可观测特征(毕业学校质量)的影响，还受到不可观测特征(自身努力程度)影响。这类样本选择称为"基于不可观测变量选择"。由于我们不能在回归方程里控制不可观测特征，只能把它包含于干扰项中，所以造成干扰项与解释变量相关，从而造成估计结果偏差。

　　比如，在本例中，大学毕业生在一年以内决定是否从事金融行业不仅考虑毕业学校的质量，也考虑了自身努力程度，假定其从事金融行业的效用函数为：

$$Utility_i = 2Q_i + H_i - 2$$

　　与上面一样，只有 Utility > 0，个体才会在大学毕业一年内选择从事金融行业。可以理解的是，要使从事金融行业效用大于0，如果是毕业学校质量较差，那么其努力程度一定很高；同理，如果是努力程度较低的人选择从事金融行业，那么其毕业学校质量一定很高。因此，在自选择样本里，有些人是毕业学校质量不好、努力程度较高的，有些是毕业学校质量较好、努力程度不高的，即毕业学校质量与努力程度在样本里存在负向关系，从而导致结果方程(6.1)里解释变量 Q_i 和干扰项 e_i 在样本里是相关的，虽然它们在总体里是不相关的。

　　图6.5显示了使用不可观测变量选择样本的因果路径图。由于大学毕业一年内选择从事金融行业是个体的自我选择，并且毕业学质量 Q 和自身努力程度 H 都会影响是否从事金融行业，因此变量 Utility 是一个对撞变量(邱嘉平，2020)。当样本只包含选择大学毕业一年内从事金融行业的个体，也就意味着给定对撞变量 $Utility_i > 0$，也就造成了衍生路径 $Q_i \cdots H_i$，因此 Q_i 和 H_i 在样本了产生了相关性。在这种情况下，Q_i 和 W_i 之间存在因果路径 $Q_i \rightarrow W_i$ 以及衍生路径 $Q_i \cdots H_i$，因此二者的相关性不再反映因果关系。

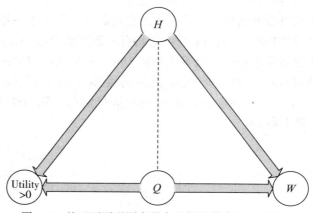

图 6.5　基于不可观测变量自选择的样本的变量路径

　　如果估计偏差是由于不可观测变量自选择造成的，那么我们没法通过增加控制变量的方法来解决。要解决这个问题，就要依赖其他的信息。下面，我们通过具体步骤来分析，如何解决由不可观测变量自选择造成的样本选择偏差。故这里所指的样本自选择问题，通常是由不可观测变量造成的样本选择问题。在下面的讨论中，我们简称这类问题为自选择问题。

第二节　解决样本自选择问题的理论基础

还是用上面的例子来直观地说明我们如何解决样本自选择问题。

前面已经说到，样本自选择问题主要是基于不可观测变量选择，所以假定下面的大学毕业生一年内选择从事金融行业部分数据缺失，也是由于个体是否从事金融行业同时取决于毕业学校质量和自身努力程度，而部分毕业一年内的大学生在金融行业的工资数据无法获取（他们并非在金融行业就业）。

表6.6为随机抽取的9组相关数据。

表6.6　　　　　　　　　　（基于不可观测变量）自选择的大学毕业生样本

工资 W(千元/月) （可观测到）	毕业学校质量 Q （可观测到）
.	1
.	1
19	1
.	2
19	2
20	2
.	3
20	3
21	3

以上样本包含4个缺失工资水平的数据，这种数据缺失表明的是这4个个体在大学毕业一年内没有进入金融行业。现在问题的关键在于我们在缺失这4个数据的情况下，要准确地推断出大学毕业学校质量与毕业一年内选择从事金融行业工资水平之间的因果关系。

首先，假定我们不对以上数据做任何处理，直接用已有的5组完整样本进行 OSL 回归，回归结果见表6.7。

表6.7

Source	SS	df	MS		Number of obs =　　5
					F(1,3)　　=　　4.84
Model	1.72857143	1	1.72857143		Prob>F　　=　　0.1152
Residual	1.07142857	3	0.357142857		R-squared　=　　0.6173
					Adj R-squared =　　0.4898
Total	2.8	4	0.7		Root MSE　=　　0.59761

wage	Coef.	Std. Err.	t	P>|t|	[95% Conf. Interval]	
quality	0.7857143	0.3571429	2.20	0.115	−0.3508737	1.922302
_cons	18.07143	0.829925	21.77	0.000	15.43024	20.71262

结果显示，$W_i = 18.1 + 0.8Q_i$，即表明毕业学校质量提高 1 个等级，工资增加 800 元，这说明毕业学校质量对工资水平有着正向作用，但这与之前用随机分配样本作回归的结果并不一样。

如果要用自选择样本去倒推总体的因果关系，我们必须知道另一个信息：个体如何自选择进入样本？也就是说，数据缺失是由于说明原因造成的？

在上例中，我们假定的是毕业一年内的大学生进入金融行业的条件是：

$$\text{Utility}_i = 2Q_i + H_i - 2 > 0$$

也就是说，只有效用大于 0，大学毕业生才会进入金融行业，否则不会进入金融行业。因此，以上方程也被称为选择方程。以上选择方程表明了毕业学校质量和自身努力程度与进入金融行业的效用之间存在正向关系。

虽然我们观测不到每个个体的努力程度，但是我们知道努力程度的分布，即个体的努力程度只能取三个值中的一个：（-10，0，10）。从上面的选择方程我们可以由 Utility_i、Q_i 来推出 H_i 的值。

具体而言，对于第一组数据，W_i 没有数据，$Q_i = 1$，则$\text{Utility}_i \leq 0$，可以求得 $H_i = 0$ 或 -10；对于第二组数据，W_i 没有数据，$Q_i = 1$，则$\text{Utility}_i \leq 0$，可以求得 $H_i = 0$ 或 -10；对于第三组数据，$W_i = 19$，$Q_i = 1$，则$\text{Utility}_i > 0$，可以求得 $H_i = 10$。依照这种方法，我们可以求出其余数据的努力程度 H_i。如表 6.8 所示。

表 6.8　　通过选择方程推断出的样本个体毕业学校质量和努力程度的分布

	工资			人数分布		
	（1）	（2）	（3）	（4）	（5）	（6）
	自身努力程度			自身努力程度		
毕业学校质量	-10	0	10	-10	0	10
1	.	.	19	0	0	1
2	.	19	20	0	1	1
3	.	20	21	0	1	1

从表 6.8 的信息，我们可以计算样本中不同毕业学校质量的人的平均努力程度：

$$E(H_i \mid Q_i = 1, \text{样本}) = 10 \times 1 = 10$$

$$E(H_i \mid Q_i = 2, \text{样本}) = 0 \times \frac{1}{2} + 10 \times \frac{1}{2} = 5$$

$$E(H_i \mid Q_i = 3, \text{样本}) = 0 \times \frac{1}{2} + 10 \times \frac{1}{2} = 5$$

可以发现，样本中低 Q_i 个体的平均努力程度 H_i 较高，高 Q_i 个体的平均努力程度 H_i 较低，即样本中个体的努力程度与毕业学校质量之间存在反向关系。用一个简单的函数表示为：$E(H_i \mid Q_i, \text{样本}) = f(Q_i)$。

当 H_i 与 Q_i 之间存在相关关系后，使用 OSL 来估计回归方程会使估计的 β 值发生偏差。

另一方，由于 H_i 与 Q_i 相关，我们可以把 H_i 作为另一个独立的解释变量，就相当于在原来的扰动项中剥离一项出来，使剩下的部分与解释变量 Q_i 无关。用数学公式表示就是：

$$W_i = \alpha + \beta Q_i + e_i$$
$$e_i = H_i + \mu_i$$
$$W_i = \alpha + \beta Q_i + H_i + \mu_i$$

其中，$E(\mu_i \mid Q_i) = 0$。

那么，工资水平对毕业学校质量的期望值为：

$$E(W_i \mid Q_i) = E(\alpha + \beta Q_i + H_i + \mu_i \mid Q_i) = \alpha + \beta Q_i + E(H_i \mid Q_i) + \mu_i$$

所以，以上回归的关键在于知道 $E(H_i \mid Q_i)$。同时，由于我们前面通过选择方程求解出来了 $E(H_i \mid Q_i)$，所以我们把得到的数据整理成表 6.9。

表 6.9   增添调整项的自选择样本数据

工资 W(千元/月)	毕业学校质量 Q	努力程度的期望值 $E(H_i \mid Q_i)$
.	1	.
.	1	.
19	1	10
.	2	.
19	2	5
20	2	5
	3	.
20	3	5
21	3	5

用以上加入努力程度的期望值这一项作后，再作 OSL 回归，得到的结果如表 6.10 所示。

表 6.10

Source	SS	df	MS		Number of obs =	5
					F(2,2) =	1.80
Model	1.8	2	0.9		Prob>F =	0.3571
Residual	1	2	0.5		R-squared =	0.6429
					Adj R-squared =	0.2857
Total	2.8	4	0.7		Root MSE =	0.70711

wage	Coef.	Std. Err.	t	P>|t|	[95% Conf. Interval]	
quality	1	0.7071068	1.41	0.293	−2.042435	4.042435
hardworking	0.1	0.2645751	0.38	0.742	−1.038375	1.238375
_cons	17	3	5.67	0.030	4.092042	29.90796

由上述例子可知，用新的方程对样本进行回归得到 Quality 系数与用原方程对随机分配回归得到的 Quality 系数是一样的，都是1。我们通过样本选择方程提供的信息"复原"了总体的因果关系。这个例子也告诉我们，样本选择偏差对回归结果影响的本质是：不可观测变量造成的样本选择，导致了解释变量和干扰项在样本里是相关的，即使它们在总体中并不相关。解决方法是：通过样本选择方程计算出每个个体干扰项的平均偏差，并把它们作为控制变量加入结果方程中。

本节例子帮助我们直观理解样本缺失变量的问题和解决办法，但它只是一个简化的例子。下面我们正式介绍样本选择模型。由于这个模型是由赫克曼（Heckman）提出的，因此也称为赫克曼样本选择模型，或者赫克曼两步法。

上面讲述了解决样本自选择问题的基本思路：第一步构建选择方程，并由选择方程求解出调整项的值；第二部将调整项加入结果方程，再用 OSL 对结果方程进行回归，得到结果。

本章的主题——赫克曼两步法，就是直接贯彻这一思路的方法。首先，我们先来了解赫克曼本人及其贡献。

詹姆斯·赫克曼（James J. Heckman），美国著名经济学家，美国芝加哥大学经济学教授、芝加哥经济学派代表人物之一，微观计量经济学的开创者。2000 年的诺贝尔经济学奖授予两位美国经济学家詹姆斯·赫克曼和丹尼尔·麦克法登，以奖励他们发展广泛应用在经济学以及其他社会科学中对个人和住户的行为进行统计分析的理论和方法。尤其是，赫克曼因"对分析选择性抽样的原理和方法所做出的发展和贡献"获奖。

赫克曼的主要贡献是提出对统计数据的选择偏差进行纠正的简单可行的理论和方法。所谓选择偏差是指在样本选取时因数据的局限或取样者的个人行为而引起的偏差，例如考虑受教育程度与个人收入之间的统计关系问题。一般来说，数据来源总是有偏差的。教育程度高的人群的数据容易得到，而教育程度低的数据就不容易得到，因为他们的工作可能不固定，甚至常常失业。这样仅仅以搜集到的数据来做统计分析，受教育程度对个人收入的影响就会被低估。赫克曼为此提出著名的赫克曼修正法。这种方法分为两个步骤。第一步先构造一个基于经济理论的工作概率模型，并由此对每个个人预测其工作的概率。第二步再把这些预测概率加到原来的模型中去，作为新的解释变量，由此就得到更确切的受教育程度与个人收入之间的统计模型。赫克曼用这样的方法处理了许多类似的问题；例如失业者再就业的时间间隔问题（观察到的数据往往带有个人特征的影响）、职业培训的估价问题（未经职业培训的个人数据不易得到，赫克曼得到的结论是许多职业培训的作用被高估）等。

如果我们用正式符号来表示选择性偏差，可以参见下面的等式：

$$E(Y_1 \mid D = 1) - E(Y_0 \mid D = 0) = [E(Y_1 \mid D = 1) - E(Y_0 \mid D = 1)]$$
$$- [E(Y_0 \mid D = 1) - E(Y_0 \mid D = 0)]$$
$$E(B) = [E(Y_0 \mid D = 1) - E(Y_0 \mid D = 0)]$$

其中，$D = 0$ 和 $D = 1$ 表示的是实验对象开始时的两种不同状态，Y_0 和 Y_1 分布表示不接受干预和接受干预后的结果。上面第一个等式的左边，就是我们常用来估计因果关系的方法，就是比较干预后的结果与没有接受干预的结果的差别。但是，现在的问题在于，经济学一般不能像自然科学那样，通过实验的方法来获取数据，也就是说，我们现在获取的数据是非实验数据，不能保证实验对象在开始时的状态完全一样，也没有同一实验对象在接受干预与不接受干预的完整数据，这也就是等式一右边第一部分表达的内容。因而，这样必然会造成选择性偏差，这就是第二个等式的含义。通过等式二，我们可以发现，选择性偏差真正的根源是项目或者政策的干预组或控制组在初始状态存在差异，这一差异使得即使实验对象不接受干预，两者的结果可能也会不一样。这也是选择性偏差的真正根源。

赫克曼（Heckman&Ichimura&Todd，1998）曾经使用工作培训伙伴立法（*The Job Training Partnership Act*，JTPA）的数据，结合他们从实验中可获得的数据（eligible nonparticipants，ENPs）比较参与实验中接受控制的人员与可获得数据人员的结果。由于这两组人员都没有接受干预，如果他们之间结果测量存在差异，则可将这一差异归于选择性偏差。赫克曼通过数据证明，接受实验的控制组与比较组在工资水平等结果指标方面存在差异，并且进一步比较了选择模型、匹配法和双重差分法在消除偏差中的作用，他们的研究表明选择模型对于偏差消除最有利，双重差分法其次，匹配法作用不大。

具体而言，赫克曼两步法的数学模型如下：

结果方程：$Y_i = \alpha + \beta X_i + e_{i1}$

选择方程：$D_i = \gamma Z_i + e_{i2}$

$$\begin{cases} D_i = 1, & \text{如果 } D_i > 0 \\ D_i = 0, & \text{如果 } D_i \leq 0 \end{cases}$$

其中，$D_i = 1$ 表示观测到的样本，$D_i = 0$ 表示样本缺失。Y 是被解释变量，X 是解释变量，Z 是决定样本选择的解释变量。Z 包含了 X 的所有变量，且包含了至少一个不在 X 中的变量，否则会产生共线性问题。

对观测到的结果求其条件期望函数：

$$\begin{aligned} E(Y_i \mid X_i) &= E(Y_i \mid D_i = 1) \\ &= E(\alpha + \beta X_i + e_{i1} \mid \gamma Z_i + e_{i2} > 0) \\ &= \alpha + \beta X_i + E(e_{i1} \mid e_{i2} > -\gamma Z_i) \end{aligned}$$

所以，增加控制变量后样本结果回归方程为：$Y_i = \alpha + \beta X_i + E(e_{i1} \mid e_{i2} > -\gamma Z_i) + v_i$。在增加控制变量后，$E(v_i \mid X_i) = 0$，即解释变量与干扰项无关了；而关键在于求解控制变量 $E(e_{i1} \mid e_{i2} > -\gamma Z_i)$。

一般而言，赫克曼两步法假定以上两个干扰项的相关

$$\begin{pmatrix} e_{i1} \\ e_{i2} \end{pmatrix} \sim N\left(\begin{pmatrix} 0 \\ 0 \end{pmatrix}, \begin{pmatrix} \sigma^2 & \rho\sigma \\ \rho\sigma & 1 \end{pmatrix} \right) \tag{6.2}$$

即 e_{i1} 和 e_{i2} 服从均值为 0 的正态分布，方差分别为 σ^2 和 1，相关系数为 ρ。所以，可以求得

$$E(e_{i1} \mid e_{i2} > -\gamma Z_i) = \rho\sigma \frac{\phi\left(\dfrac{-\gamma Z_i}{\sigma} \right)}{1 - \theta\left(\dfrac{-\gamma Z_i}{\sigma} \right)} \text{。}$$

其中，ϕ 为正态分布的概率密度函数，θ 是正态分布的累积概率函数，$\mu_i = \mu(\gamma Z_i) = \dfrac{\phi\left(\dfrac{-\gamma Z_i}{\sigma}\right)}{1 - \theta\left(\dfrac{-\gamma Z_i}{\sigma}\right)}$ 为逆米尔斯比例（inverse mills ratio，IMR）（邱嘉平，2020）。

　　加入逆米尔斯比例项后，样本结果回归方程变为：$Y_i = \alpha + \beta X_i + \rho\sigma\mu_i$。这可以用两阶段估计法来估计。

　　第一阶段，使用 Probit 模型来估计样本选择方程：

$$\Pr(D_i = 1 \mid Z_i) = \Pr(e_{i2} > -\gamma Z_i \mid Z_i) = \theta(\gamma Z_i)$$

得到 γ 的估计值 $\widetilde{\gamma}$，然后把 $\widetilde{\gamma}$ 的估计值代入 IMR 公式，求出每个个体的 IMR，得到 μ_i。

　　第二阶段，使用样本数据，用 X_i 和 μ_i 对 Y_i 进行回归：$Y_i = \alpha + \beta X_i + \rho\sigma\mu_i$。得到结果，这就是赫克曼两步法。

　　实际上，样本选择偏差问题也可以理解为一个缺失变量偏差（omitted variable bias）问题。如果不存在样本自选择问题，我们只需要通过回归，就可以得到解释变量的系数 β 的一致估计量。然而在自选择样本中，我们还需要加上一个调整变量 $\text{IMB}_i = \lambda_i = \lambda(Z_i'\lambda)$，否则干扰项里包含 λ_i，就会与解释变量相关。因此，样本自选择偏差的校正可以看做是加入了被遗漏的变量。但是，这种样本选择造成的内生性与一般的缺失变量内生性有所不同。一般的缺失变量内生性是指模型里缺失了应当控制的变量，造成干扰项里包含缺失变量，导致即使使用总体或者随机抽样数据，解释变量与干扰项也依然相关。样本选择偏差造成的内生性并非由于模型本身缺失变量，而是由于样本选择造成解释变量与干扰项相关，造成了与缺失变量一样的后果。由此可见，二者结果虽然都会造成内生性，但形成的原因并非一样。

第三节　赫克曼两步法的应用例子

　　上一节已经讲述了赫克曼两步法的理论基础及操作步骤，下面用一个实例解释在 STATA 软件上如何运用赫克曼两步法。

　　运用赫克曼两步法较早的实例是对已婚妇女的工资（Heckman，1974）的研究，为了方便讨论，我们简化了模型。

　　结果方程为：

$$\text{Wage}_i = \alpha + \beta_1 \text{Edu}_i + \beta_2 \text{Age}_i + e_{1i} \tag{6.3}$$

其中，Wage_i 是工资水平，Edu_i 是受教育程度，Age_i 是年龄，干扰项 e_{1i} 包含了不可观测但会影响工资水平的变量（比如个人工作态度）。对于总体或者随机分配样本，干扰项与解释变量不相关，即 $E(e_{1i} \mid \text{Edu}_i, \text{Age}_i) = 0$。

　　在这里，我们希望研究的是所有已婚妇女的工资水平与受教育水平之间的关系，但是，只有在职的已婚妇女才会具有工资水平这一数据。也就是，我们的研究结论（所有已婚妇女）与研究数据（在职的已婚妇女）是不匹配的。这也就是样本自选择问题。

这里的选择方程为：

$$\text{Utility}_i = \gamma_0 + \gamma_1 \text{Edu}_i + \gamma_2 \text{Age}_i + \gamma_3 \text{Children}_i + e_{2i}$$

$$\begin{cases} \text{Work}_i = 1, & \text{如果 Utility}_i > 0 \\ \text{Work}_i = 0, & \text{如果 Utility}_i \leq 0 \end{cases}$$

以上选择方程，相对于结果方程多了 Children 这一项，即小孩的数量。有小孩可能会降低已婚妇女工作的能力，同时也可能会提高妇女参加工作、提高收入的愿望，所以是否拥有小孩对已婚妇女参加工作的愿望有不确定的作用，表现在回归方程里就是，γ_3 可能为正值，也可能为负值。干扰项 e_{2i} 包含了不可观测但会影响工资水平的变量（比如个人工作态度）。由于 e_{1i} 和 e_{2i} 都包含了相同的不可观测变量（比如个人工作态度），所以两者是相关的。赫克曼两步法假定两者的分布为公式(6.2)。

由于只有参加工作的意愿足够强烈，妇女才会参加工作，我们也才能观测到她们的工资水平，因此样本中观测到的工资为：

$$\begin{cases} \text{Wage}_i = \text{Wage}_i, & \text{如果Work}_i = 1 \\ \text{Wage}_i = 0, & \text{如Work}_i = 0 \end{cases}$$

通过前面学习的知识，我们知道参加工作的自选择样本里，受教育程度与干扰项是相关的。我们也可以通过图 6.6 来理解相关性产生的原因。

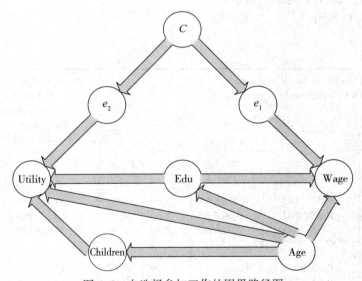

图 6.6　自选择参加工作的因果路径图

图中结果方程的干扰项 e_1 和选择方程的干扰项 e_2 受到一个共同因素 C（比如个人工作态度）的影响，因此产生了相关性。Age、Edu 和 Children 是给定变量。由于样本只包含在职的妇女，因此 Utility 也是给定变量（Utility>0）。由于 Children、Edu、Age 和 e_2 共同决定 Utility，所以 Utility 是一个对撞变量。而 Edu 和 e_2 之间产生了衍生路径 Edu$\cdots e_2$，故 Edu 到 Wage 有两条路径：一条是因果路径 Edu→Wage，另一条是混淆路径 Edu$\cdots e_2 \leftarrow C \rightarrow e_1$

→ Wage。换言之，Edu 和 e_1 在样本中产生了相关关系。因此，用样本直接估计结果方程（6.3），无法得到系数 β_1 的正确估计。

由上述分析可知，如果直接用参加工作的样本对结果方程进行回归，受教育程度的系数 β_1 是有偏的估计量。因此，要"控制"自选择偏差，我们需要在结果方程中加入逆米尔斯比例作为调整项。调整后的回归模型为：

$$\text{Wage}_i = \alpha + \beta_1 \text{Edu}_i + \beta_2 \text{Age}_i + \rho\sigma\mu_i + v_i$$

其中，逆米尔斯比例为：

$$\mu_i = \frac{\phi(\gamma_0 + \gamma_1\text{Edu}_i + \gamma_2\text{Age}_i + \gamma_3\text{Children}_i)}{1 - \theta(\gamma_0 + \gamma_1\text{Edu}_i + \gamma_2\text{Age}_i + \gamma_3\text{Children}_i)}$$

下面介绍两种在 STATA 上进行赫克曼两步法回归的方法：其一是用 Heckman 命令直接回归；其二是先求得逆米尔斯比例，再加入这一项进行手动估计模型回归。

先介绍方法一：直接用 Heckman 命令进行回归。

样本数据来源：http：//www.stata-press.com/data/r16/womenwk.dta。

现在随机抽取 500 个样本点，使用 wage、age、education、children 这 4 个变量。

再进行回归，STATA 的命令如下：

Heckman wage education age，select(education age children) twostep

（其中 heckman 为命令，wage education age 为结果方程，education age children 为选择方程的解释变量，twostep 为两阶段估计）

结果如表 6.11 所示。

表6.11

Heckman selection model — two-step estimates (regression model with sample selection)					Number of obs = 500 Selected = 339 Nonselected = 161 Wald chi2(2) = 97.60 Prob>chi2 = 0.0000	
wage	Coef.	Std. Err.	z	P>|z|	[95% Conf. Interval]	
wage						
education	0.8742183	0.1191791	7.34	0.000	0.6406315	1.107805
age	0.2788782	0.049286	5.66	0.000	0.1822795	0.375477
_cons	−1.533675	2.628644	−0.58	0.560	−6.685722	3.618373
select						
education	0.0389055	0.0217175	1.79	0.073	−0.0036599	0.081471
age	0.0476344	0.0081873	5.82	0.000	0.0315875	0.0636812
children	0.4167483	0.0528848	7.88	0.000	0.313096	0.5204005
_cons	−2.403535	0.3879807	−6.19	0.000	−3.163963	−1.643107
/mills						
lambda	6.537571	1.255418	5.21	0.000	4.076998	8.998145
rho	0.96744					
sigma	6.7576103					

结果第一栏 wage 为结果方程系数，第二栏 select 为选择方程系数，第三栏 mills 为逆米尔斯比率系数，最后一栏 rho 为相关系数 ρ，sigma 为均方差 σ。

回归结果为：

$$\text{Wage}_i = -1.53 + 0.87\,\text{Edu}_i + 0.28\,\text{Age}_i + e_{1i}$$

$$\text{Utility}_i = -2.40 + 0.04\,\text{Edu}_i + 0.05\,\text{Age}_i + 0.42\,\text{Children}_i + e_{2i}$$

方法二：除了用 STATA 软件直接进行赫克曼模型估计，我们还可以用之前提到的赫克曼两步法进行手动计算得到结果。

第一步，首先计算使用 Probit 模型来估计样本选择方程：

$$\Pr(D_i = 1 \mid Z_i) = \Pr(e_{i2} > -\gamma Z_i \mid Z_i) = \theta(\gamma Z_i)$$

也就是求得：

$$\Pr(D_i = 1 \mid Z_i) = \theta(\gamma_0 + \gamma_1\,\text{Edu}_i + \gamma_2\,\text{Age}_i + \gamma_3\,\text{Children}_i)$$

在 STATA 使用如下命令：

genwork =（wage ~ =.）（当 wage 缺失时，work = 0；否则 work = 1）

probitwork education age children（估计 D = 1 的概率）

得到的结果见表 6.12。

表 6.12

Iteration 0：	log likelihood = −314.18391
Iteration 1：	log likelihood = −258.05785
Iteration 2：	log likelihood = −256.93707
Iteration 3：	log likelihood = −256.93406
Iteration 4：	log likelihood = −256.93406

Probit regression

Number of obs　=　500
LR chi2(3)　=　114.50
Prob > chi2　=　0.0000
Pseudo R2　=　0.1822

Log likelihood = −256.93406

work	Coef.	Std. Err.	z	P>|z|	[95% Conf. Interval]	
education	0.0389055	0.0217175	1.79	0.073	−0.0036599	0.081471
age	0.0476344	0.0081873	5.82	0.000	0.0315875	0.0636812
children	0.4167483	0.0528848	7.88	0.000	0.313096	0.5204005
_cons	−2.403535	0.3879807	−6.19	0.000	−3.163963	−1.643107

接下来，再用估计的 γ_1、γ_2、γ_3 去求解逆米尔斯比例 μ_i：

$$\mu_i = \frac{\phi(\gamma_0 + \gamma_1\text{Edu}_i + \gamma_2\text{Age}_i + \gamma_3\text{Children}_i)}{1 - \theta(\gamma_0 + \gamma_1\text{Edu}_i + \gamma_2\text{Age}_i + \gamma_3\text{Children}_i)}$$

STATA 命令如下：

predict Z if e(sample)，xb（用 probit 估计的系数计算 $Z_i = \gamma_0 + \gamma_1 \text{Edu}_i + \gamma_2 \text{Age}_i + \gamma_3 \text{Children}_i$）

generate phi = normalden(Z)　　　（计算对应的正态分布概率密度值 $\phi(Z)$）

generate PHI = normal(Z)　　　　（计算对应的正态分布累计分布值 $\theta(Z)$）

generate lambda = phi/PHI　　　（计算逆米尔斯比例 $\mu_i = \dfrac{\phi(Z)}{\theta(Z)}$）

listwageageeducationchildren Z phi PHI lambda if _n<=20　（显示生成新变量后的 20 组数据）

结果如表 6.13 所示。

表 6.13

	wage	age	educat-n	children	z	phi	PHI	lambda
1.	28.91685	30	16	2	0.4814807	0.3552795	0.6849126	0.5187225
2.	.	30	10	1	−0.1687007	0.3933055	0.433016	0.9082932
3.	.	34	20	0	−0.0058564	0.3989354	0.4976636	0.8016166
4.	.	30	12	2	0.3258586	0.3783141	0.6277344	0.6026659
5.	16.02649	22	16	3	0.517154	0.3490072	0.6974757	0.5003862
6.	22.57106	35	20	1	0.4585263	0.3591333	0.6767128	0.5307027
7.	14.80015	36	12	4	1.445161	0.1404106	0.9257937	0.1516651
8.	34.39908	31	12	0	−0.4600036	0.3588897	0.3227568	1.111951
9.	11.25928	41	12	4	1.683333	0.0967385	0.9538447	0.1014196
10.	.	35	12	0	−0.2694661	0.3847181	0.3937855	0.9769737
11.	.	22	10	0	−0.9665239	0.2500679	0.1668911	1.49839
12.	20.90381	42	12	3	1.314219	0.1682129	0.9056138	0.1857447
13.	32.27155	35	20	0	0.041778	0.3985943	0.5166622	0.7714795
14.	24.71895	39	10	2	0.6767569	0.3172902	0.7507199	0.4226479
15.	17.5656	43	12	3	1.361854	0.1578262	0.9133779	0.1727939
16.	19.00765	45	12	1	0.6236258	0.3284426	0.7335633	0.4477359
17.	21.31364	48	16	1	0.922151	0.2607692	0.8217751	0.3173243
18.	.	30	10	3	0.6647959	0.3198461	0.7469095	0.428226
19.	27.64421	35	16	0	−0.1138441	0.3963654	0.4546807	0.8717445
20.	.	23	10	0	−0.9188895	0.2615532	0.1790767	1.460565

第二步，用计算的逆米尔斯比例 μ_i 去估计回归方程：

$$\text{Wage}_i = \gamma_0 + \gamma_1 \text{Edu}_i + \gamma_2 \text{Age}_i + \mu_i \rho \sigma + v_i$$

STATA 命令如下：

reg wageeducationagelambda

得到结果如表 6.14 所示。

表 6.14

Source	SS	df	MS		Number of obs =	339
					F(3,335) =	44.94
Model	3786.48388	3	1262.16129		Prob>F =	0.0000
Residual	9408.56027	335	28.0852546		R-squared =	0.2870
					Adj R-squared =	0.2806
Total	13195.0442	338	39.0385922		Root MSE =	5.2996

wage	Coef.	Std. Err.	t	P>|t|	[95% Conf. Interval]	
education	0.8742183	0.1037696	8.42	0.000	0.6700961	1.07834
age	0.2788782	0.0420437	6.63	0.000	0.1961754	0.3615811
lambda	6.537571	1.102089	5.93	0.000	4.369684	8.705459
_cons	−1.533675	2.237608	−0.69	0.494	−5.935207	2.867857

结果显示：

$$Wage_i = -1.53 + 0.87\,Edu_i + 0.28\,Age_i + e_{1i}$$

可以发现，用手动计算的赫克曼两步法估计的 education、Age 的系数与直接用 Heckman 模型命令得出的结果是一致的。都表明已婚妇女受教育年限与自身年纪都对其工资水平有正向作用。

虽然赫克曼两步法可以有效处理样本自选择问题，但是，任何理论都不可能是完美无缺、毫无缺点的。赫克曼两步法也如此，在实际应用中，其主要存在以下四个方面的问题：

(1)解释变量的选择问题。前面已经提到，赫克曼两步法虽然没有强制要求选择方程中的解释变量 ρ 与结果方程中的解释变量 e_{1i} 不一样，但是在实际运用中要求 Z_i 还要至少包含一个与 X_i 不相同的变量；这是因为 X_i 和 Z_i 如果完全一样，那么在第二阶段回归就可能会出现共线性问题。

假设 $X_i = Z_i$，即样本的回归方程变为 $Y_i = \alpha + X_i'\beta + \lambda(X_i'\hat{\gamma}) + e_i$。表面看起来，由于 X_i 同时以线性形式 $X_i'\beta$ 和非线性形式 $\lambda(X_i'\hat{\gamma})$ 进入模型，似乎不会有完全的共线性问题，但是，$\lambda(X_i'\hat{\gamma})$ 在定义域的大部分范围内是近似线性的，因而会导致严重的共线性问题。要解决这一问题，我们就必须加入其他的解释变量 Z_i，即一个工具变量会影响选择方程，但不会影响结果方程，这个条件也叫排他性约束条件(exclusion constraints)。值得注意的是，在 Z_i 中加入额外的工具变量并不必然解决这个问题，工具变量的质量同样重要。当 Z_i 中额外的工具变量偏弱且解释力有限时，这种多重共线性问题仍然可能出现。

(2)必须为二元正态分布的假设。赫克曼两步法假定结果方程与选择方程中的干扰项服从二元正态分布。如果这一假设得不到满足，那么调整项 $\lambda(X_i'\hat{\gamma})$ 就可能是错误的，从而导致估计的严重偏差。如果无法满足正态性假设，一种替代的方案就是，假定干扰项服从一些特定的非状态分布。但是，现有的理论很少指出应该使用哪一种特定的分布来代替正态分布，这也是赫克曼两步法的一个弱点。

（3）选择模型必须为 Probit 模型。一般而言，赫克曼两步法中，选择模型是关于样本偏差的概率，所以选择模型为 Probit 模型。但有一些研究者在第一阶段设定选择方程用的是 Logit 模型，而非 Probit 模型，这是不合理的。原因是，赫克曼两步法假设干扰项服从正态分布，Probit 模型也假设干扰项服从正态分布，而 Logit 模型不满足干扰项为正态分布的假设，因此 Probit 模型与赫克曼两步法吻合。

为了方便不熟悉 Probit 模型的读者，这里我们简要介绍一下 Probit 模型。Probit 模型是用来估计被解释变量是一个二元(0，1)变量的模型，它的过程如下：

二元变量 $D_i = 1$ 或 0 取决于如下方程：

$$D_i^* = Z_i'\gamma + e_i$$

$$\begin{cases} D_i = 1, & \text{如果 } D_i^* > 0 \\ D_i = 0, & \text{如果 } D_i^* \leq 0 \end{cases}$$

假设 e_i 是标准正态分布，则 $D_i = 1$ 的概率为：

$$\Pr(D_i = 1 \mid Z_i) = \Pr(D_i^* > 0 \mid Z_i) = \Pr(e_i > Z_i'\gamma \mid Z_i) = \Phi(Z_i'\gamma)$$

要估计模型的参数，我们使用最大似然估计。

（4）对相关系数要求检查。在样本结果方程 $Y_i = \alpha + X_i'\beta + \rho\sigma\lambda(Z_i'\gamma) + v_i$ 中要加入 $\lambda(Z_i'\gamma)$，是因为 $\lambda(Z_i'\gamma)$ 与 X_i' 可能相关。但当 $\rho = 0$ 时，是否进入调整项 $\lambda(Z_i'\gamma)$ 并不影响结果。换言之，当影响选择的不可观测变量 e_{2i} 与影响结果的变量 e_{1i} 不相关时，样本自选择并不会造成估计偏差，这种情况也称为外生样本选择。因此，在结果报告中应该提供 ρ 的估计值和方差，以确定是否存在内生样本选择问题。

第四节　内生选择变量处置效应模型

样本自选择模型另一个重要的应用是估计内生二元选择变量（endogeneous binary-treatment variable）的处置效应。下面是一个常见的内生二元自选择变量的模型：

$$D_i = 0$$

其中，$\dfrac{\phi(-Z_i'\gamma)}{\Phi(-Z_i'\gamma)}$ 是一个二元选择变量。如果个体选择接受处置，$Y_i = \alpha_0 + \alpha_1 D_i + X_i'\beta + \rho\sigma\left[\dfrac{\phi(-Z_i'\gamma)}{1 - \Phi(-Z_i'\gamma)}D_i + \dfrac{-\phi(-Z_i'\gamma)}{\Phi(-Z_i'\gamma)}(1 - D_i)\right] + \mu_i$；反之，则 $D_i = 0$。X_i' 是控制变量。

是否接受处置是自我选择，选择公式为：

$$\text{Utility} = Z_i'\gamma + e_{2i}$$

其中，Z_i' 是影响效用函数的变量。只有当效用函数 Utility > 0，个体才会选择接受处置，此时二元选择变量为：

$$\begin{cases} D_i = 1, & \text{如果 Utility} > 0 \\ D_i = 0, & \text{如果 Utility} \le 0 \end{cases}$$

该模型与传统赫克曼两步法模型假设一样，都是假定干扰项服从公式（6.2），以及选择方程和结果方程的解释变量不相关，且与其所在方程中的干扰项无关。

对以上模型不能直接进行回归，理由与赫克曼两步法中的一样：解释变量与干扰项之间会产生衍生路径，造成因果推理的无效。图 6.7 显示了这种因果路径关系。

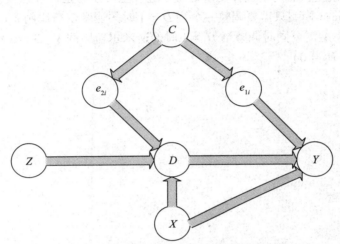

图 6.7　内生选择变量处置效应的路径图

图 6.7 表明，干扰项 e_{1i}、e_{2i} 之间存在相关性，是由于它们同时受到一个不可观测变量 C_i 的影响。在控制了 X_i' 之后，D_i 到 Y_i 存在一条因果路径 $D_i \rightarrow Y_i$ 以及一条混淆路径 $D_i \leftarrow e_{2i} \leftarrow C_i \rightarrow e_{1i} \rightarrow Y_i$。因此，即便控制了 X_i' 之后，D_i 和 Y_i 之间的相关关系也不能反映其因果关系。而要得到选择变量 D_i 与干扰项 e_{2i} 相关可能造成的具体偏差，我们可以通过条件期望方程实现。

当 $D_i = 1$ 时，即决定选择处置，其期望结果为：

$$\begin{aligned} E(Y_i \mid X_i, \ D_i = 0) &= \alpha_0 + \alpha_1 + X_i'\beta + E(e_{1i} \mid D_i = 0, \ X_i) \\ &= \alpha_0 + \alpha_1 + X_i'\beta + E(e_{1i} \mid e_{2i} < -Z_i'\gamma) \\ &= \alpha_0 + \alpha_1 + X_i'\beta + \rho\sigma \frac{\phi(-Z_i'\gamma)}{1 - \Phi(-Z_i'\gamma)} \end{aligned}$$

当 $D_i = 0$ 时，即决定不接受选择处置，其期望结果为：

$$\begin{aligned} E(Y_i \mid X_i, \ D_i = 0) &= \alpha_0 + \alpha_1 + X_i'\beta + E(e_{1i} \mid D_i = 0, \ X_i) \\ &= \alpha_0 + \alpha_1 + X_i'\beta + E(e_{1i} \mid e_{2i} < -Z_i'\gamma) \\ &= \alpha_0 + X_i'\beta + \rho\sigma \frac{-\phi(-Z_i'\gamma)}{-\Phi(-Z_i'\gamma)} \end{aligned}$$

具体计算的话，我们可以分别对上面两个方程进行回归，用截距相减就可以得到我们所关心的处置效用系数 α_1。另外，我们可以将上面两个方程合并，构建一个整体的回归方程：

$$Y_i = \alpha_0 + \alpha_1 D_i + X_i'\beta + \rho\sigma\left[\frac{\phi(-Z_i'\gamma)}{1-\Phi(-Z_i'\gamma)}D_i + \frac{-\phi(-Z_i'\gamma)}{\Phi(-Z_i'\gamma)}(1-D_i)\right] + \mu_i$$

当 $D_i = 1$ 时，即为第一个方程；当 $D_i = 0$ 时，即为第二个方程。这个方程包含了以上两个方程，大大节省了计算步骤，其使用因而更加便捷。

传统 Heckman 模型关注的是在样本自选择情况下，如何估计某一解释变量 X_i 对被解释变量 Y_i 的因果效应，而内生选择变量处置效应模型关注的是自选择变量 D_i 本身的处置效应；传统 Heckman 模型只需要调整一个当 $D_i = 1$ 时的逆米尔斯比例 $\lambda_i(D_i=1)$，而自选择变量处置效应模型需要同时调整当 $D_i = 1$ 时的逆米尔斯比例 $\lambda_i(D_i=1)$ 和当 $D_i = 0$ 时的逆米尔斯比例 $\lambda_i(D_i=0)$。

第七章　合成控制法

第一节　为什么要做合成控制法

合成控制法是一种适用于评估"试点"较少的政策的方法，最早由 Abadie 和 Gardeazabal(2003)提出，它的核心思想是虽然难以在其他没有试点的地区找到合适的反事实参照组，但是通常可以对其他没有试点的地区进行适当的线性组合，构造出一个合成的反事实参照组。比如：当仅考察在武汉实施政策的效果评估时，由于我们无法找到最佳控制地区，这时就可以选择与武汉类似的南京、杭州、成都等地进行适当的线性组合，构造一个"合成控制地区"，并将"真实的武汉"和"合成的武汉"进行对比。

与倾向得分匹配相似，合成控制法也是用于反事实因果推断的。但是不同的是，由于各个地区在经济文化等方面存在着明显的差异，这使得使用倾向得分匹配之后，配对的地区在政策出台前仍然存在较大的差异。因此，在这种情况下，合成控制法就比较合适。

与双重差分相似，合成控制法也是用于评估外部冲击和政策变化的影响。但是不同的是，在实证分析中，双重差分要求实验组有大量个体并且数据满足平行趋势，因此，当实验组仅含有一个个体或者极少数个体、无法满足平行趋势时，合成控制法就会更有优势。

第二节　怎么设定模型

一、合成控制法的理论

合成控制法通过模拟随机实验构造出"对照组"和"实验组"，较好地满足了"反事实"框架的要求，从而实现了有效的因果推论、政策评估等目标。

(一)合成控制法的基本原理

合成控制法的哲学基础是"反事实"框架。根据"反事实"框架，因果推论的关键在于找到合适的"控制组"，通过比较"控制组"和受到干预的案例(即干预个案)结果之间的差异，进而判断出结论究竟是一种随机现象还是体现了某种实质性的结论。显然，在现实与历史中几乎不存在现成干预个案的"反事实"案例，需要人为构造"反事实"案例(称为对照个案)。构造对照个案的基本原理是通过某种加权方式将诸多没有受到干预影响的个案进行综合，确保在干预个案受到变量作用之前，对照个案与干预个案具有相同的历时性趋势。由上述方式构造出来的对照个案可以看成是干预个案的"反事实"案例，原因在于影响干预个案和对照个案发展趋势的变量有许多，当两者的历时性趋势一致时，意味着影响两者发展趋势的变量在"平均值"上是一致的。当条件变量作用于干预个案后，应该考察干预个案与对照个案之间的后续发展差异。如果两者差异显著，它只可能是条件变量作用产生的，从而推断了条件变量与结果变量之间的因果关系。

合成控制法（synthetic control methods）的基本思想：尽管控制组中的任何个体与处理组都不相似，但是通过为每个控制组个体赋予一个权重，加权平均后构造出一个合成的控制组。权重的选择使得合成控制组的行为与处理组政策干预之前的行为非常相似，故合成控制组事后的结果可以作为处理组个体的反事实结果，处理组和合成控制组事后结果的差异就是政策干预的影响。

二、实践中是什么[①]

合成控制法类似于双重差分法，某一时刻起一项政策影响了处理组，但对控制组个体没有产生影响，从而事前两组个体均没有受到政策的影响，而事后只有处理组个体受到政策的影响。双重差分和合成控制法的区别在于，合成控制法的处理组只有一个个体。

基本设定如下，假设有 $N+1$ 个地区，区域 1 在 T_0 期后受到政策影响，其他 N 个地区没有受到政策影响。Y_{1it} 表示个体 i 在 t 期接受政策干预时的潜在结果，Y_{0it} 表示个体 i 在 t 期没有受到政策干预时的潜在结果，从而个体的因果效应为：

$$\tau_{it} = Y_{1it} - Y_{0it} \quad i = 1, 2, \cdots, N+1, \quad t = 1, 2, \cdots, T$$

D_{it} 表示个体 i 在 t 时期的影响状态，如果个体 i 在 t 时期受到政策影响，则 $D_{it} = 1$，其他情况则为 0，个体 i 在 t 期的观察结果为：

$$Y_{it} = D_{it} Y_{1it} + (1 - D_{it}) Y_{0it} = Y_{0it} + \tau_{it} D_{it}$$

假设第 1 个个体在 T_0 期后受到政策影响，在其他 N 个个体所有时期均没有受到政策影响，即：

$$D_{it} = \begin{cases} 1, & i = 1, \ t > T_0 \\ 0, & \text{其他} \end{cases}$$

我们的目标是估计政策影响：

$$\tau_{1t} = Y_{11t} - Y_{01t}$$

第 1 个个体受到政策影响，在 $t > T_0$ 期，我们可以观测到潜在结果 Y_{11t}，但无法观测到如果它没有受到政策影响时的潜在结果 Y_{01t}，因而政策评价的关键是如何估计出个体 1 T_0 期后的反事实结果 Y_{01t}，为了估计个体 1 的反事实结果，假设 Y_{0it} 可以用下列模型表示：

$$Y_{0it} = \delta_t + \theta_t Z_i + \lambda_t \mu_i + \varepsilon_{it}, \quad i = 1, 2, \cdots, N+1, \quad t = 1, 2, \cdots, T$$

其中：δ_t 是一未知的公共因子，对所有个体具有相同的影响，Z_i 是 K 乘以 1 维（不受政策影响的）可观测协变量向量，θ_t 是 1 乘以 K 维未知系数向量，λ_t 是 1 乘以 F 维的未观察公共因子，μ_i 是 F 乘以 1 维系数向量，ε_{it} 是未观测的暂时性冲击，假设在地区层面满足零均值。

那么，我们考虑 $N \times 1$ 的权重向量：

---

① 赵西亮. 基本有用的计量经济学. 北京：北京大学出版社，2017.

$$W^* = (w_2^*, \cdots, w_{N+1}^*)$$

满足：

$$W_j \geqslant 0, \quad j = 2, \cdots, N+1$$

并且：

$$w_2 + \cdots + w_{N+1} = 1$$

这里将权重限制为非负。每个特定的权重向量 W 代表一个特定的合成控制，对于权重 W，合成控制模型为：

$$\sum_{j=2}^{N+1} w_j Y_{jt} = \delta_t + \theta_t \sum_{j=2}^{N+1} w_j Z_j + \lambda_t \sum_{j=2}^{N+1} w_j \mu_j + \sum_{j=2}^{N+1} \varepsilon_{jt}$$

假设存在权重向量：$W^* = (w_2^*, \cdots, w_{N+1}^*)$
使得

$$\sum_{j=2}^{N+1} w_j^* Y_{j1} = Y_{11}, \quad \sum_{j=2}^{N+1} w_j^* Y_{j2} = Y_{12}, \quad \cdots, \quad \sum_{j=2}^{N+1} w_j^* Y_{jT_0} = Y_{1T_0}, \quad \sum_{j=2}^{N+1} w_j^* Z_j = Z_1$$

Abadie et al. 提出，如果 $\sum_{t=1}^{T_0} \lambda_t' \lambda_t$ 是非奇异的，则有：

$$Y_{01t} - \sum_{j=2}^{N+1} w_j^* Y_{jt} = \sum_{j=2}^{N+1} w_j^* \sum_{s=1}^{T_0} \lambda_t \left(\sum_{n=1}^{T_0} \lambda_t' \lambda_t \right)^{-1} \lambda_s' (\varepsilon_{js} - \varepsilon_{1s}) - \sum_{j=2}^{N+1} w_j^* (\varepsilon_{jt} - \varepsilon_{1t})$$

当干预之前时期足够长，则上式结果取值为零，从而处理组个体 1 的反事实结果近似可以用合成控制组表示，即：

$$\hat{Y}_{01t} = \sum_{j=2}^{N+1} w_j^* Y_{jt}$$

那么处理组个体 1 的政策干预效果就可以表示为：

$$\tau_{1t} = Y_{1t} - \sum_{j=2}^{N+1} w_j^* Y_{jt}, \quad t = T_0 + 1, \cdots, T$$

合成控制法的一些假设：首先，处理组和控制组无交互影响，其次，构造合成控制组时，两组个体特征变量 $Z_1, \cdots, Z_{n+1}$ 必须是干预前的变量或者不受政策干预影响的变量。
合成控制法在运作过程中的关键是找到满足：

$$\sum_{j=2}^{N+1} w_j^* Y_{j1} = Y_{11}, \quad \sum_{j=2}^{N+1} w_j^* Y_{j2} = Y_{12}, \quad \cdots, \quad \sum_{j=2}^{N+1} w_j^* Y_{jT_0} = Y_{1T_0}, \quad \sum_{j=2}^{N+1} w_j^* Z_j = Z_1$$

该条件的权重向量：

$$W = (w_2, \cdots, w_{N+1}), \quad W_j \geqslant 0, \quad j = 2, \cdots, N+1, \quad 并且 \sum_{j=2}^{N+1} w_j = 1$$

三、合成控制法的实施步骤[①]

合成控制是当前社会科学领域一种新兴的因果推论技术，实施步骤主要包括三个部分。见图 7.1。

---

① 蒋建忠，钟杨. 合成控制法及其在国际关系因果推论中的应用. 国际观察，2018(04)：84-103.

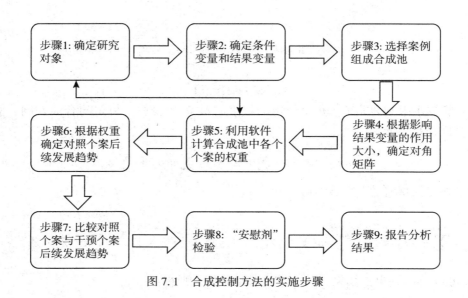

图 7.1 合成控制方法的实施步骤

（一）研究设计

研究设计是合成控制法的最初环节，研究者首先需要明确研究对象的性质，并确定其是否适用于合成控制方法，主要涉及步骤 1 至 3。研究者首先要根据目标和要求选择研究对象。在明确步骤 1 之后，研究者需要确定条件变量和结果变量（步骤 2）。根据研究目的不同，条件变量和结果变量有不同的表现形式。如果是检验理论假设，结果变量就是因变量；如果是检验政策的效应，条件变量就是政策的实施，结果变量就是政策产生的效应。完成步骤 2 之后，研究者应根据条件变量和结果变量搜集合适的案例组成合成池。合成池中的案例具有严格的标准，由于需要把未受条件变量影响的案例"合成"为对照个案，因此选择的案例需要满足较长的时间序列、在样本期间未受到其他变量重大的冲击等条件。

（二）软件分析

这是进行合成控制分析的核心，涉及步骤 4 至 8，当前，研究者主要使用戴蒙德等人开发的嵌套于 Stata 的软件包。在软件分析中，主要完成三项任务：

一是计算合成池中个案的权重，使得对照个案与干预个案在条件变量作用之前，两者的趋势尽可能地吻合。并不是所有的研究都能得到个案的权重，如果计算出来的权重不合常规，则表示该议题不宜采用合成控制技术或者需要重新选择案例组成合成池，研究者需要再次回到步骤 1 重新进行研究设计。

二是根据权重计算对照个案在条件变量发生后的演化趋势，比较对照个案的趋势与干预个案趋势的差异，根据两者之间的差异程度来判断条件变量与结果变量间的关系。

三是对条件变量与结果变量的关系进行"安慰剂"检验，主要目的是说明变量之间的关系到底是真实存在还是由于其他偶然性的因素导致的，即说明由合成控制法得出来的结论有多大的可信度。需要说明的是，在有些合成控制的研究文献中，"安慰剂"检验并没有出现。

（三）结果输出

软件结果的表达既是对前述操作过程的总结与展示，也是研究论文的重要组成部分，合成控制法主要是通过图、表格来展示研究结果。

一是表格。合成控制法要求研究者将合成池中每个案例的权重表达在文中，这样学术共同体才能对结论进行重复性检验。

二是图形。以下两个层面的结果需要用图形来表示：一是比较干预个案与对照个案的时间发展趋势。一般而言，以时间 T 为横轴，以结果变量为纵轴，把干预个案和对照个案的时间序列图在同一张图形中画出，可以直观地了解在条件变量发生前干预个案与对照个案的拟合程度，同时也方便了解条件变量发生后两者的差异，进而证实或证伪理论假设。

三是安慰剂检验。把合成池中的所有个案依次"假定"受到条件变量影响的时间序列图呈现在同一张图上，从而判断条件变量是否真正对结果变量产生效应。

第三节　合成控制法的应用

一、案例分析[①]

案例分析：加州烟草控制提案的政策效果评估

数据：1970—2000 年美国 39 个州的相关数据

实验组：California

对照组：Alabama，Arkansas，Colorado 等 38 个州

背景：1988 年 11 月美国加州通过了当代美国最大规模的控烟法（anti-tobacco legislation），并于 1989 年 1 月生效。该法将加州的香烟消费税（cigarette excise tax）提高了每包 25 美分，将所得收入专项用于控烟的教育与媒体宣传，并引发了一系列关于室内清洁空气的地方立法（local clean indoor-air ordinances），比如在餐馆、封闭工作场所等禁烟。Abadie 等（2010）根据美国 1970—2000 年的州际面板数据，采用合成控制法研究美国加州 1988 年第 99 号提案（Proposition 99）的政策效果。

实施步骤：

（一）首先看一下实验组和对照组烟草平均销售的趋势

见图 7.2。

---

① 赵西亮. 基本有用的计量经济学. 北京：北京大学出版社，2017.

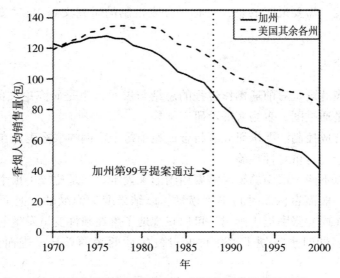

图 7.2　人均香烟销售量：加州与美国其他州的对比

(二)使用合成控制方法合成一个对照组

1. 计算出合成控制组中各组的权重

见表 7.1。

表 7.1　　　　　　　　　　　　　　对照组中各州权重

州	权重	州	权重
Alabama	0	Montana	0.199
Alaska	—	Nebraska	0
Arizona	—	Nevada	0.234
Arkansas	0	New Hampshire	0
Colorado	0.164	New Jersey	—
Connecticut	0.069	New Mexico	0
Delaware	0	New York	—
District of Columbia	—	North Carolina	0
Florida	—	North Dakota	0
Georgia	0	Ohio	0
Hawaii	—	Oklahoma	0
Idaho	0	Oregoo	—

续表

州	权重	州	权重
Illinois	0	Pennsylvania	0
Indiana	0	Rhode Island	0
Iowa	0	South Carolina	0
Kansas	0	South Dakota	0
Kentucky	0	Tennessee	0
Louisiana	0	Texas	0
Maine	0	Utah	0.334
Maryland	—	Vennont	0
Massachusetts	—	Virginia	0
Michigan	—	Washington	
Minnesota	0	West Virginia	0
Mississippi	0	Wisconsin	0
Missouri	0	Wyoming	0

表 7.1 显示大多数州的权重为 0，只有以下 5 个州的权重为正，即 Colorado（0.161）、Connecticut（0.068）、Montana（0.201）、Nevada（0.235）与 Utah（0.335），表中报告的权重表明：加州的吸烟趋势在提案通过之前最好是由这 Colorado、Connecticut、Montana、Nevada 与 Utah5 个州表示。

2. 考察加州与合成加州的预测变量是否接近。

见表 7.2。

表 7.2　　　　　　　　　　　香烟销售量预测均值

Variables	California		Average of 38 control states
	Real	Synthetic	
Ln(GDP per capita)	10.08	9.86	9.86
Percent aged 15—24	17.40	17.40	17.29
Retail price	89.42	89.41	87.27
Beer consumption per capita	24.28	24.20	23.75
Cigarette sales per capita 1988	90.10	91.62	114.20
Cigarette sales per capita 1980	120.20	120.43	136.58
Cigarette sales per capita 1975	127.10	126.99	132.81

在表中，比较了实际的加利福尼亚和合成的加利福尼亚的预测变量均十分接近，故合成加州可以很好地复制加州的经济特征。

（三）画出合成效果图

按照合成控制组各州的矩阵，将控制组各种的数据加权加总，构造出合成控制组，比较二者的人均香烟消费量在 1989 年前后的表现，见图 7.3。

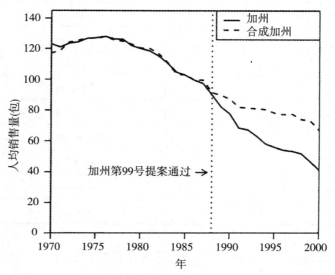

图 7.3　人均香烟销售量：加州与合成加州对比

图 7.3 显示了加州和合成加州在 1970—2000 年期间的人均烟草销售量。合成加州的人均销售量非常好地拟合追踪了加州第 99 号提案前的变化趋势。高程度的拟合表明，在 1989 年控烟法之前，合成加州的人均香烟消费与真实加州几乎如影相随，表明合成加州可以很好地作为加州如未控烟的反事实替身。在控烟法实施之后，加州与合成加州的人均香烟消费量即开始分岔，而且此效应越来越大。我们估计第 99 号提案对香烟消费的影响分水岭是在它通过这个时间点，该法案一通过两条线开始明显地分开。而香烟消费在合成加州继续其温和下降趋势来看，真正的加州经历了大幅下滑。这两条线之间的差异表明第 99 号提案对人均香烟销量的有很大的负面影响。

（四）处理效应

见图 7.4。

图 7.4 表明 99 号提案对人均香烟销量有很大影响，这种效应随着时间的推移而增强。我们的结果表明，对于整个 1989—2000 年期间人均香烟消费量平均减少了近 20 包，人均下降约 25%。

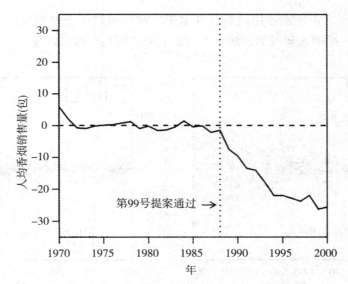

图 7.4　加州与合成加州人均香烟销售量差异

(五) 安慰剂检验

虽然上述研究结果表明，在实施控烟法案后，加州的人均香烟消费量较合成加州有所下降。但这并不意味着我们就可以说控烟法案的实施与香烟消费量下降之间存在因果效应，为了评估我们的估计的显著性，我们提出：我们的结果是否随机偶然的。如果我们随机选择一个州而不是加州来进行研究，我们多久可以得到这样一个显著的结果？为了回答这个问题，我们使用安慰剂测试。

"安慰剂"(placebo)一词来自医学上的随机实验，比如要检验某种新药的疗效。此时，可将参加实验的人群随机分为两组，其中一组为实验组，服用真药；而另一组为控制组，服用安慰剂(比如，无用的糖丸)，并且不让参与者知道自己服用的究竟是真药还是安慰剂，以避免由于主观心理作用而影响实验效果的"安慰剂效应"(placebo effect)。

合成控制法的安慰剂检验大致思路是，对所有实验组和控制组均实施合成控制法；再对每一组的真实数据和合成控制组数据做差，假如实验组(也即加州)在所有组中属于变化最大的百分之 10，则可以说在 10% 置信水平上，政策效果是显著的。为此，Abadie 等(2010)进行了一系列的安慰剂检验，依次将 donor pool 中的每个州作为假想的处理地区(假设也在 1988 年通过控烟法)，而将加州作为控制地区对待，然后使用合成控制法估计其"控烟效应"，也称为"安慰剂效应"。通过这一系列的安慰剂检验，即可得到安慰剂效应的分布，并将加州的处理效应与之对比。见图 7.5。

如图 7.5 所示，黑线表示加州的处理效应(即加州与合成加州的人均香烟消费量之差)，而灰线表示其他 19 个控制州的安慰剂效应(即这些州与其相应合成州的人均香烟消费量之差)。显然，与其他州的安慰剂效应相比，加州的(负)处理效应显得特别大。假如加州的控烟法并无任何效应，则在这 20 个州中，碰巧看到加州的处理效应最大的概率仅为 1/20＝0.05，而这正好是常用的显著性水平。加州通过了安慰剂检验。得出结论，在10%置信区间上，控烟法案与加州烟草消费量下降之间具有因果效应。

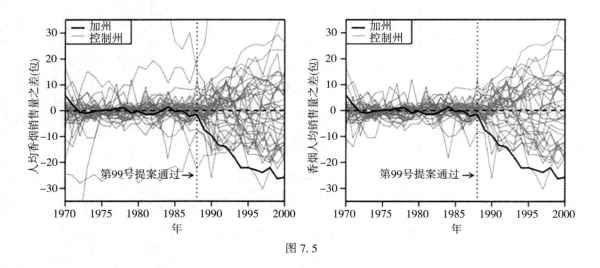

图 7.5

二、合成控制法的优点和缺点

（一）优点

第一，作为一种非参数估计，合成控制法对双重差分法进行了扩展；合成控制法可以弥补 DID 方法的缺陷，充分考虑到处理组的特殊性，通过构造一个"反事实"的参照组，来反映政策的实施作用。

第二，根据数据（data-driven）来选择线性组合的最优权重，避免了研究者主观选择控制组的随意性。通过数据决定控制组样本权重大小，可以清晰地看出处理组与控制组政策实施之前的相似情况，避免因对比地区差异过大而引起的误差。合成控制法能够克服在选取控制对象时出现的样本选择偏误以及政策内生性问题。

第三，合成控制法也较好地展示了处理后各时期的政策影响。①

（二）不足

1. 利用合成控制法，并不一定能够成功构建对照个案。根据合成控制原理，利用合成池中的个案建构起来的"对照个案"和我们关心的干预个案之间，在处理效应发生之前，要保持时间序列上的尽量重合，但是，这并不总能够办到。由于受到"合成池"中案例数量等因素的制约，研究者并不一定能够实现对照个案的构建。从技术角度讲，研究者并不一定能够获得合适的权重 ω。

---

① 张琛，孔祥智. 行政区划调整与粮食生产：来自合成控制法的证据. 南京农业大学学报，2017（5）：121-133.

2. 合成控制法对于样本数据和案例有比较高的要求。一方面，在样本期间受到特殊冲击的案例应当排除在合成池之外。例如，在阿巴迪关于巴斯克地区恐怖活动的效应评估中，如果合成池中某个地区实行了特殊政策，导致人均 GDP 大幅度增长，尽管该地区没有受到恐怖袭击，一样也不能放入合成池中。因此，与干预个案特征差异较大的案例不能纳入合成池。另一方面，我们不仅仅要求知道时间 t 所有合成池中个案和关注个案的信息，而且需要知道这些个案在 t 之前的历史趋势，这暗含了截面数据是不能进行合成控制法研究的。

3. 所有案例都要具有较长的时间序列。首先，合成控制法的可信度取决于在干预前的相当一段时间内很好地拟合干预个案与对照个案。如果干预前的拟合不好，或干预前期数太短，建议不要使用。其次，政策冲击需要一段时间才会显现，即存在滞后效应。因此，要求干预后的期数足够大，这样才能显示真实的因果效应。

第八章　断点回归设计

第一节　为什么要做断点回归分析

在针对因果关系分析的实证研究中，最优的选择应当是随机实验，但是，在现实生活中，进行随机实验要付出较高的时间成本和经济成本，并且，出于对伦理道德的考虑，随机实验的实施往往也面临着诸多的限制。因此，当随机试验不能有效实施时，就需要考虑用别的方法进行因果关系分析，而断点回归（regression discontinuity，RD）或者断点回归设计（regression discontinuity design，RDD）能够利用现有的约束条件避免参数估计的内生性问题，从而真实反映出变量之间因果关系，其实证结果也被证明为最接近随机实验的结果。

断点回归设计最早是由 Thistlethwaite and Campbell（1960）在研究奖学金对学生未来成绩影响的时候提出的。学生是否获得奖学金取决于考试的分数，因为奖学金的评比根据以往的学习成绩。如果考试分数大于获奖标准分数，学生将获得奖学金；如果考试分数小于获奖标准分数，学生将得不到奖学金，因此在获奖标准分数处形成了一个断点，成绩刚好达到获奖标准与差一点达到的学生具有可比性，这个断点作为一种自然实验来识别奖学金对学生未来成绩的因果影响。该研究设计的主要思想是可以利用靠近这一断点附近的样本来有效估计处理效应。但是，这种方法直到 20 世纪 90 年代末才引起经济学家的重视。目前，断点回归在教育经济学、劳动经济学、区域经济学、健康经济学、政治经济学等领域的应用仍方兴未艾。

第二节　怎么设定模型

一、断点回归的理论[①]

在因果识别方面，断点回归设计方法比较近似于随机分组的研究方法。其基本思想是存在一个连续变量 x_i，该变量能决定个体在某一临界点两侧接受政策干预的概率，由于 x_i 在该临界点两侧是连续的，因此个体针对 x_i 的取值落入该临界点任意一侧是随机发生的，即不存在人为操控使得个体落入某一侧的概率更大，则在临界值附近构成了一个准自然实验。一般将该连续变量 x_i 称为分组变量（assignment variable，forcing variable 或 running

---

① 吉丹俊 . 断点回归设计国内外研究综述. 无锡商业职业技术学院学报，2017（3）.

variable），临界点附近的个体是相似的和可比的，于是两侧个体在结果上的差异可以归因为政策干预。根据个体在临界点两侧接受干预概率的差异，可以将断点回归分为两种类型：一种类型是精确断点回归设计（sharp regression discontinuity design，简记为 SRD），其特征是在断点（也就是上面所说的临界点）$x=c$ 处，个体接受政策干预的概率从 0 跳跃到 1；另一种是模糊断点回归设计（fuzzy regression discontinuity，记为 FRD），其特征是在断点 $x=c$ 处，个体接受政策干预的概率从 a 变为 b，其中 $0<a<b<1$。由于 RD 实施的假设条件相对来说更容易被检验，因此 RD 方法被认为是最接近随机实验的自然实验方法（Lee，2008）[①]。见图 8.1。

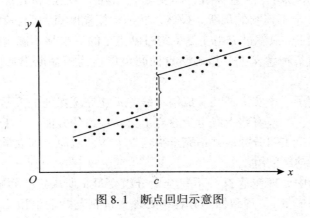

图 8.1　断点回归示意图

（一）精确断点回归设计

假设虚拟变量 D 表示个体是否接受了政策干预，则在精确断点回归设计中：

$$D_i = 1\{x_i \geq c\}，并且 D_i = 0\{x_i < c\} \tag{8.1}$$

式（8.1）表示当个体的分组变量取值大于或等于临界值 c，个体进入处理组，而当分组变量小于 c 时，个体则强制进入控制组，即不能获得政策干预。变量 D 也被称作处理变量。

对于位于断点两侧的个体应满足（8.2）式：

$$\lim_{x \to c} E(D_i \mid x_i = x) = 1，\lim_{x \to c} E(D_i \mid x_i = x) = 0 \tag{8.2}$$

这意味着，式（8.3）成立

$$\lim_{x \to c} E(D_i \mid x_i = x) - \lim_{x \to c} E(D_i \mid x_i = x) = 1 \tag{8.3}$$

因此，在精确断点回归设计情形下，可以通过估计在断点处的局部平均处理效应（local average treatment effect，LATE）来测算政策干预对于结果变量的影响程度，如（8.4）式：

---

① 刘生龙. 社会科学研究中的断点回归设计：最新代表性研究及其发展前景分析. 公共管理评论，2021（7）：1-20.

$$\text{LATE} = E\left[\left(y_{1i} - y_{0i}\right) \mid x = c\right]$$
$$= E(y_{1i} \mid x = c) - E(y_{0i} \mid x = c) \tag{8.4}$$
$$= \lim_{x \to c} E(y_{1i} \mid x) - \lim_{x \to c} E(y_{0i} \mid x)$$

在式(8.4)中，Y_i 表示结果变量。

(二)模糊断点回归设计

模糊断点回归(FRD)的特征是，在断点 $x = c$ 处，个体得到处理的概率(倾向得分)从 a 跳跃为 b，其中 $0 < a < b < 1$。这意味着，即使 $x > c$，也不一定得到处理，只不过得到处理的概率在 $x = c$ 处有一个不连续的跳跃。显然，所谓的模糊断点回归，其断点并不模糊(断点很明确地在 $x = c$ 处)，只不过分组变量 x 跨过断点 c 的后果是不确定的，只是得到处理的概率存在跳跃。在某种意义上，精确断点回归可以视为模糊断点回归的特例或者极限情形。

回到上大学的例子，事实上，高考成绩上线并不能完全保证上大学，因为能够上大学还取决于志愿的填报，甚至有些上线考生放弃上大学；另一方面，未上线的学生也可以通过特长生渠道上学，这表明分数线并不完全决定上大学。然而，上大学的概率确实在分数线的位置上有一个不连续的跳跃。

在模糊断点回归中处理变量 D 并不完全由分组变量 x 所决定。影响处理变量 D 的其他因素也会影响结果变量 y，导致回归方程中处理变量 D 与扰动项相关，故 OLS 估计量不一致。比如虽然成绩上线却因志愿不妥而落榜者多有较强的实力，而这种不可观测的实力可以影响结果变量 y。

为了在模糊断点的情况下识别平均处理效应，需要引入以下条件独立假定。

假定：给定 x，则 $(y_1 - y_0)$ 独立于 D，即 $(y_{1i} - y_{0i}) \perp D_i \mid x_i$。

此假定意味着，在给定的分组变量 x 的情况下，D 可以与 y_0 相关，但不能与参与项目的收益 $(y_{1i} - y_{0i})$ 相关。由于 $y = y_0 + D(y_1 - y_0)$，故

$$E(y \mid x) = E(y_0 \mid x) + E\left[D(y_1 - y_0) \mid x\right]$$
$$= E(y_0 \mid x) + E(D \mid x) \cdot E\left[(y_1 - y_0) \mid x\right]$$

其中，$E\left[D(y_1 - y_0) \mid x\right]$ 是我们想要估计的平均处理效应，而 $E(D \mid x)$ 为倾向匹配得分。在上式的第二步使用了条件独立假定。对上式两边从 c 的右边取极限可得：

$$\lim_{x \to c+} E(y \mid x) = \lim_{x \to c+} E(y_0 \mid x) + \lim_{x \to c+} E(D \mid x) \cdot \lim_{x \to c+} E\left[(y_1 - y_0) \mid x\right] \tag{8.5}$$

同理，上式两边从 c 的左边取极限可得：

$$\lim_{x \to c-} E(y \mid x) = \lim_{x \to c-} E(y_0 \mid x) + \lim_{x \to c-} E(D \mid x) \cdot \lim_{x \to c-} E\left[(y_1 - y_0) \mid x\right] \tag{8.6}$$

假定函数 $E(D \mid x)$，$E(y_0 \mid x)$ 与 $E(y_1 \mid x)$ 在 $x = c$ 处连续，则其左极限等于右极限，也等于其函数值，故 $\lim_{x \to c+} E(y_0 \mid x) = \lim_{x \to c-} E(y_0 \mid x)$

而且，

$$\lim_{x \to c+} E\left[(y_1 - y_0) \mid x\right] = \lim_{x \to c-} E\left[(y_1 - y_0) \mid x\right] = E\left[(y_1 - y_0) \mid x = c\right] \tag{8.7}$$

因此，方程(8.5)减去方程(8.6)可得：

$$\lim_{x \to c+} E(y|x) - \lim_{x \to c-} E(y|x) = \lim_{x \to c+} E(D|x) + \lim_{x \to c-} E(D|x) \cdot E\left[(y_1 - y_0)|x=c\right] \quad (8.8)$$

根据模糊断点回归的定义可知：

$$\lim_{x \to c+} E(D|x) - \lim_{x \to c-} E(D|x) = b - a \neq 0 \quad (8.9)$$

故可将其作为分母：

$$\text{LATE} = E\left[(y_1 - y_0)|x=c\right] = \frac{\lim\limits_{x \to c+} E(y|x) - \lim\limits_{x \to c-} E(y|x)}{\lim\limits_{x \to c+} E(D|x) - \lim\limits_{x \to c-} E(D|x)} \quad (8.10)$$

显然，在上式中，分子就是精确断点回归设计的平均处理效应，而分母为得到处理的概率（即倾向得分）在断点 c 处的跳跃（$b-a$），上式是精确断点回归表达式的推广，因此，对于该式的分子，可用精确断点回归设计的估计方法来估计分子，对于分母，形式上与分子一致，也可用精确断点回归设计来估计，只要将结果变量 Y 替换为处理变量 D 即可。

二、实践中是什么[①]

下面将分别介绍精确断点回归设计和模糊断点回归设计的估计方法。

（一）精确断点回归（Sharp RDD）[②]

假设今年的重点大学录取分数线为 500 分，所有大于等于 500 分的考生都能够进入重点大学，而所有低于 500 分的考生则无法被录取。此时，500 分就是高考"一刀切"的门槛，个体得到处理（上重点大学）的概率在 500 分处发生了一个从 0 到 1 的跳跃。见图 8.2。

假设上重点大学与否（D_i）完全取决于高考成绩 X_i 是否超过 500 分：

$$D_i = \begin{cases} 1, & \text{若 } x_i \geqslant 500 \\ 0, & \text{若 } x_i < 500 \end{cases} \quad (8.11)$$

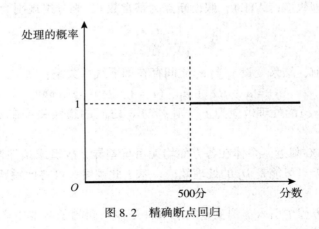

图 8.2　精确断点回归

---

①　参见：断点回归的原理及 stata 操作示例.《管理学季刊》微信公众号.

②　陈强. 高级计量经济学及 stata 应用. 第 2 版. 北京：高等教育出版社，2014.

记不上重点大学与上重点大学的两种潜在结果分别为(y_{0i}, y_{1i})，由于D_i为x_i的确定性函数，故在给定x_i的情况下，可将D_i视为常数，不可能与任何变量有关系，因此D_i独立于(y_{0i}, y_{1i})，满足可忽略性的假定。但此时，并不能使用倾向值匹配法，因为重叠假定完全不满足，对于所有处理组成员，都有$x_i \geqslant 500$；而所有控制组成员都有$x_i < 500$，两者完全没有交集！因此，匹配估计量没有，不能采用，需要另辟蹊径。

显然，处理变量D_i为x_i的函数，记为$D(x_i)$。由于函数$D(x_i)$在$x = 500$处存在一个断点（discontinuity），这提供了估计D_i对y_i因果效应的机会。对于高考成绩为498、499、500或501的考生，可以认为他们在各方面（包括可观测因素和不可观测因素）都没有系统差别，他们高考成绩的细微差异只是由于"上帝之手"随机抽样的结果（考试成绩本身含随机因素①），导致成绩为498分或499分的考生落榜（进入控制组），成绩为500分或者501分的考生考上重点大学（进入处理组），因此，这就仿佛是在断点（500分）附近对考生进行了随机分组，故可视为准实验，我们就可以使用498分或499分的那些没上重点大学的考生作为500分或者501分的那些上重点大学的考生的反事实参照组，从而在一个局部区域内估计出重点大学对收入的因果效应。如果500分（上重点大学）和499分（没上重点大学）这两组人群的收入存在差异，那么这种差异就应当是重点大学带来的。这一思想可以用下面的数学公式来表示：

$$\begin{aligned} \text{LATE} &= E[(y_{1i} - y_{0i})|x = 500] \\ &= E(y_{1i}|x = 500) - E(y_{0i}|x = 500) \\ &= \lim_{x \to 500+} E(y_{1i}|x) - \lim_{x \to 500-} E(y_{0i}|x) \end{aligned} \tag{8.12}$$

其中，$\lim\limits_{x \to 500+}$与$\lim\limits_{x \to 500-}$分别表示从500的右侧和左侧取极限，在上式最后一步的推导中，假设条件期望函数$E(y_{1i}|x)$与$E(y_{0i}|x)$为连续函数，故其极限值等于函数取值。

但是，上面这一公式太过抽象，我们可以通过局部线性回归的方法估计出重点大学对收入的局部平均处理效应（LATE），假设断点为某常数c，则分组规则为：

$$D_i = \begin{cases} 1, & \text{若 } x_i \geqslant c \\ 0, & \text{若 } x_i < c \end{cases} \tag{8.13}$$

假设在实验之前，结果变量y_i与x_i之间存在如下线性关系：

$$y_i = \alpha + \beta x_i + \varepsilon_i \quad (i = 1, 2, \cdots, n) \tag{8.14}$$

假设$D_i = 1(x_i \geqslant c)$的处理效应为正，则y_i与x_i之间的线性关系在$x = c$处就存在一个向上跳跃的断点。

由于在分数$= 500$附近，个体在各方面均无系统差异，故造成条件期望函数$E(y_i|x)$在此跳跃的唯一原因只可能是D_i的处理效应。基于此逻辑，可将此跳跃视为在$x = c$处D_i对y_i的因果效应。

我们知道，在方程中引入虚拟变量的效果就是在不同的子样本中产生不同的截距项，

---

① 如果考生能够控制分组变量x的取值（比如通过自身努力），则断点回归将失效。但在一般情况下，考生无法精确地控制成绩。因此，在断点附近的考生，成绩大于或小于端点的概率大约都是1/2，形成局部的随机分组。

因此，为了估计此跳跃，将方程改写为：

$$y_i = \alpha + \beta(x_i - c) + \delta D_i + \gamma(x_i - c)D_i + \varepsilon_i \quad (i = 1, 2, \cdots, n) \quad (8.15)$$

在上式中，x_i 为驱动变量，在本例中就是考生的分数；D_i 为处理变量，表示样本是否被处理，也就是是否上重点大学，它完全依赖于驱动变量。变量(x_i-c) 为 x_i 的标准化，使得(x_i-c) 的断点为 0，引入互动项$\gamma(x_i-c)D_i$ 是为了允许在断点两侧的回归线斜率可以不同。对上式进行 OLS 回归，所得 $\hat{\delta}$ 就是在 $x=c$ 处局部平均处理效应（LATE）的估计量。由于此回归存在一个断点，故称为"断点回归"或者"断点回归设计"。

（二）模糊断点回归（Fuzzy RDD）

但其实，上重点大学这个例子用清晰断点回归有点不太合适。考生能否上重点大学受多方面因素的影响，并不是过了重点大学分数线就能上重点大学，没过重点大学分数线就不能上重点大学，我们的大学招生中还存在着农村专项计划、自主招生、保送、特长加分、补录等情况的存在，并且志愿填报、家庭收入（付不起学费）等多方面都可能会影响考生是否能上重点大学。此时，500 分还是高考"一刀切"的门槛，但是个体得到处理（上重点大学）的概率仅会在 500 分处发生一个从 a 到 b 的跳跃（$0<a<b<1$），而不像之前那样是从 0 到 1 的跳跃。也就是说，当 $x>500$，个体也不一定得到处理，但得到的处理的概率在 $x=c$ 处有不连续的跳跃。这种情形是更为常见的断点回归情形，也就是模糊断点回归。见图 8.3。

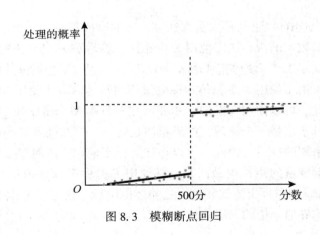

图 8.3　模糊断点回归

在模糊断点回归中，断点附近处理变量 D 不完全由驱动变量 x 决定，换言之，个体是否被处理不再是随机的。此时，如果我们在模型中遗漏了那些会影响到处理变量 D 的因素，就会导致处理变量 D 与扰动项相关，OLS 估计量是不一致的。例如，虽然分数过线但是因志愿填报失误而落榜的考生多有较深实力，而这种不可观测的实力既会影响处理变量 D，也会影响结果变量 Y。

为了解决内生性问题，一种思路就是使用工具变量法，将驱动变量 x 是否超过断点值定义为一个分组虚拟变量 Z，作为处理变量 D 的工具变量，进行 2SLS 估计：一方面，分

组变量 Z 显然与处理变量 D 相关，满足工具变量的相关性；另一方面，分组变量 Z 在断点处相当于局部随机实验，故只通过处理变量 D 影响结果变量 Y，与扰动项不相关，满足工具变量的外生性。

$$Z = \begin{cases} 1, & \text{若 } x_i \geqslant 500 \\ 0, & \text{若 } x_i < 500 \end{cases}$$

三、断点回归法的实施步骤[①]

（一）分析变量在断点左右是否存在跳跃

运用图形来分析处置效应是否存在是断点回归分析的基础。图形分析在断点回归的实施中扮演着重要的角色，通过将样本点和决定处置的关键变量在坐标系中描述出来，便可以清楚地看到临界值附近的样本点是否存在跳跃。如果样本点存在跳跃，那么说明确实存在处置效应，相反，如果样本点没有出现相应的跳跃，那么说明断点回归的模型识别可能存在问题。当我们从图形分析中发现了临界值处存在处置效应，那么就应当做进一步更加细致的计量实证分析。

为了使图形更为直观，需要根据决定处置的关键变量来划分箱体（bin）和箱体的范围 h，并在该范围内计算变量的均值。一般而言，箱体的范围需要大到包含足够多的样本使其样本点在临界值两边都比较平滑，但又要小到一定程度使得样本点在临界值处的跳跃能够明显地显现出来。

Lee & Lemieux（2010）提出两种方法来选择合适的箱体范围：

第一种是根据对数据的观察决定使用 K 个箱体；然后对 K 个箱体的虚拟变量做回归；随后，将箱体范围缩小 1/2，使得箱体由 K 个变为 $2K$ 个将 $2K$ 个箱体的虚拟变量作为解释变量再做一次回归。由于使用 K 个箱体虚拟变量的回归是内嵌于使用 $2K$ 个箱体虚拟变量的回归之中的，因此，可以使用标准的 F 检验来比较判断 K 个箱体和 $2K$ 个箱体的优劣。

第二种方法是基于这样一个原理，如果箱体足够小，那么被解释变量和决定处置的关键变量将不会出现系统的联系，因此，可以将被解释变量对箱体的虚拟变量以及该虚拟变量和决定处置的关键变量的乘积项做回归，并使用 F 检验来判断虚拟变量和关键变量的乘积项是否显著为 0。通过以上方法得到合适箱体范围后，便可以分别对临界值两边的样本进行估计，得到临界值两边的平滑曲线。

（二）检查为精确断点回归还是模糊断点回归分析

检验处理变量是否完全由"某连续变量是否超过某一断点"所决定，如果个体被处理的概率从 0 跳跃为 1，即为精确断点回归，如果个体被处理的概率从 a 跳跃为 b，$0<a<b<1$，则为模糊断点回归。

---

① 余静文，王春超. 新"拟随机实验"方法的兴起——断点回归及其在经济学中的应用. 经济学动态，2011(02)：125-131.

（三）图形分析

画出结果变量与参考变量之间的关系图，如果是模糊断点，再画出原因变量与参考变量的关系图，呈现结果变量和原因变量在断点处行为，为断点回归设计提供理论支撑。

（四）因果效应检验

同时利用临界值两边的样本进行回归。一般而言，可以使用非参数回归，选取带宽（band width）h，将样本的估计局限在 h 范围内。最优带宽的选择可以根据拇指规则（rule of thumb）对整个样本数据进行估计求得最优带宽。比如，对于矩形核，最优带宽可根据下式求得：

$$h_{\text{ROT}} = 2.702\left[\frac{\sigma^2 R}{\sum_{i=1}^{N} m''(x_i)^2}\right]^{1/5}$$

σ^2 是断点回归的标准差，$m''(x_i)$ 是断点回归方程的二阶导数，R 是断点回归估计时的范围，2.702 是矩形核估计的常数。

（五）对断点回归的结果进行稳健性检验

检验其他影响结果变量的因素（协变量），在断点处是否存在跳跃，若存在跳跃，说明该协变量的条件密度函数在断点处不是连续的，需要剔除，若将存在跳跃的协变量剔除，则需要重新选择最优带宽再重新进行断点回归分析。

（六）显著性检验

模型估计完成后，可以进行下列模型设定检验，以判断估计结果的稳健性。

（1）协变量连续性检验，也称为伪结果检验（pseudo outcome）。以协变量作为伪结果，利用与前面相同的方法，检验相应的 RDD 估计量是否显著，如果显著说明这些协变量不符合连续性假设，上文的 RDD 估计量可能存在问题。

（2）参考变量分布连续性检验。如果参考变量分布连续，意味着在断点处个体没有精确操纵参考变量的能力，局部随机化假设成立，从而保证断点附近左右样本能够代表断点处的总体。

（3）伪断点检验（pseudo cutoff point）。在参考变量的其他位置，比如断点左右两侧中点位置作为伪断点，利用同样的方法估计 RDD 估计量。我们知道在伪断点干预效应为零，如果发现伪断点的 RDD 估计量不为零，则说明我们的 RDD 设计可能有问题，可能混杂了其他未观测因素的影响，得到的因果效应可能是由其他未观测混杂的跳跃造成的，而不完全是干预的影响。

（4）带宽选择的敏感性检验。选择不同的带宽对 RDD 估计量进行重新估计，检验估计结果是否有较大的变量，如果差异较大，尤其是影响方向有变化说明 RDD 设计可能有问题。

第三节　断点回归法的应用

一、案例分析

本节选取发表于《经济学(季刊)》上的《退休会影响健康吗?》一文,力图通过对它的点评,更进一步的解释和说明断点回归在现实中的应用。

(一)作者为什么要用断点回归?

社会科学界对于退休与健康之间的关系也有长期的关注,但是并没有一致的结论。从理论上说,由于退休能使人们从工作中的重负中解放出来,从而能够享受生活,因此可以改善健康;但是同时,由于退休使社会活动的范围和生活习惯发生变化,并且自我价值感降低,因此可能通过心理健康影响到身体健康。实证研究的结果也相当不同,有的发现正向的作用,有的发现负向的作用,甚至有的研究发现两者没有任何联系。

实证研究的结果之所以分歧很大,除了数据的不同以及研究年代的差异之外,最主要的是实证方法的问题。前面不少研究都是用简单的最小二乘法(OLS)进行回归或者类似方法得出结论,但是 OLS 有严重的内生性问题。首先,健康状况本身就是决定是否退休的重要变量,因此存在反向因果带来的偏误;另外,有一些无法观测的变量(个人偏好、健康禀赋等)既影响健康也影响退休,因此会带来遗漏变量误差问题。

断点回归利用退休制度规定的一些年龄点所带来的退休行为的不连续性进行识别。我国城镇地区,一旦办了退休手续,就意味着离开了原来的单位和岗位,如果想继续工作,只能自谋职业,只有极少数高技能者可以在原单位获得退休返聘待遇,求职的困难迫使很多人在退休年龄就停止工作。因此,可以利用断点回归来识别退休对健康的因果性影响。

(二)作者是如何使用断点回归分析的?

具体而言,运用断点回归分析方法有以下几步。

1. 分析变量在断点左右是否存在跳跃

在中国现行退休制度安排下,退休(指停止工作)状况在 3 个年龄可能出现跳点,即退休比例的突然增加。对男性而言,跳点可能出现在 50 岁、55 岁和 60 岁;对于女性,跳点可能出现在 45 岁、50 岁和 55 岁。

2. 检查为精确断点回归还是模糊断点回归分析

并非所有人都是在规定退休年龄处停止工作,因为还有其他因素也会影响到退休决定,比如有的人会因为健康状况而更早一些停止工作,再如一些人可能会在办理了法律上的退休手续后返聘或者找到另外的工作等。所以,退休制度仅仅使得退休的可能性在政策规定的退休年龄处发生一个外生的跳跃,但不一定是完全由 0 至 1 的改变。具有这种特征的 RD 被称为模糊(fuzzy)RD。

3. 图形分析

图 8.4 给出了健康和年龄的基本关系,上图是男性的健康情况,下图是女性的。

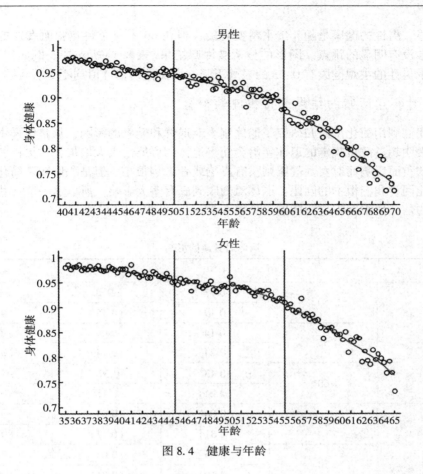

图 8.4　健康与年龄

（四）因果效应检验

报告不同带宽的局域估计值，以检验估计的稳定性。见表 8.1。

表 8.1　　　　　　　　　　退休制度对健康的影响

		男性				女性		
		+/-1	+/-2	+/-3		+/-1	+/-2	+/-3
身体健康	50	0 00	-0 01	0 00	45	0 01	0 01	-0 00
		(0 01)	(0 01)	(0 00)		(0 01)	(0 01)	(0 01)
	55	0 01	0 01	-0 00	50	0 01	0 01	0 01
		(0 01)	(0 01)	(0 01)		(0 01)	(0 01)	(0 01)
	60	-0 03**	-0 03***	-0 03***	55	-0 01	-0 01	-0 01
		(0 01)	(0 01)	(0 01)		(0 01)	(0 01)	(0 01)

注：括号内数字是标准差，＊表示 $p<0.1$，＊＊表示 $p<0.05$，＊＊＊表示 $p<0.01$。

很明显，男性的健康是随年龄平滑变化的，但在 60 岁有个跳点；而女性的健康非常平滑，基本没有明显的跳点。图形的分析被回归结果（表 8.1）所支持。例如在 60 岁，局域估计显示男性的主观健康有 0.03 的显著下降，而女性的估计值均不显著且趋于 0。

（五）对断点回归的结果进行稳健性检验

前面我们利用简化型回归研究了退休制度对退休和健康的影响，从整体样本来看，我们的结果表明超过政策规定的退休年龄会使得退休的可能性大大增加，对男性的健康可能产生一定的负面影响而对女性健康则没有影响或者影响很小。但是我们知道简化型回归的分析还不能回答我们根本的问题：退休对健康到底有多大影响？所以这一节，我们将构造工具变量的估计值来回答这一问题。见表 8.2。

表 8.2   **退休对健康的影响**

		+/−1	+/−2	+/−3
男性	50	0 13	−0 13	−0 11
		(0 19)	(0 15)	(0 11)
	55	0 14	0 09	−0 01
		(0 24)	(0 14)	(0 09)
	60	−0 43*	−0 37***	−0 24***
		(0 24)	(0 15)	(0 08)
女性	45	0 06	0 05	−0 03
		(0 31)	(0 17)	(0 13)
	50	0 06	0 07	−0 06
		(0 10)	(0 05)	(0 05)
	55	−0 30	−0 28	−0 29
		(0 51)	(0 36)	(0 27)

注：括号内数字是标准差，＊表示 $p<0.1$，＊＊表示 $p<0.05$，＊＊＊表示 $p<0.01$。

从表中可以看到，男性超过 60 岁才退休，会对主观健康产生显著的负面影响。从数值上来说，局域估计告诉我们，正常退休会让男性身体健康的可能性减小 24～43 个百分点（由于所取的带宽不同而稍有差异），也就是减小 27%～49%。

（六）有效性检验

1. 连续性假定的一个推论是其他特征变量或者控制变量在阈值处也是平滑的。尽管我们不能检验每个人的平滑特征，但我们可以检测整体样本的平滑特征。因为如果每个人的这些特征变量都是连续的，总体的加总也应该是连续的。通过对原来的控制变量（是否有大学、中学、小学文凭以及是否结婚、离异和丧偶等）作为因变量来做同样的回归，得到对于这些不该受退休影响的变量，无论是在提前退休年龄还是在正常退休年龄，均没有发现显著的结果。见表 8.3。

表 8.3　　　　　　　　　　　　　控制变量的连续性检验

		男性				女性		
		+/−1	+/−2	+/−3		+/−1	+/−2	+/−3
大学文凭	50	−0 00	−0 01	−0 01	45	−0 01	−0 00	−0 01
		(0 02)	(0 01)	(0 01)		(0 02)	(0 01)	(0 01)
	55	0 04	−0 00	0 01	50	0 01	−0 01	−0 01
		(0 02)	(0 01)	(0 01)		(0 01)	(0 01)	(0 01)
	60	0 02	0 01	−0 00	55	−0 03	−0 02	−0 02
		(0 02)	(0 01)	(0 01)		(0 02)	(0 01)	(0 01)
中学文凭	50	0 00	−0 00	−0 00	45	0 00	0 01	0 01
		(0 02)	(0 01)	(0 00)		(0 02)	(0 01)	(0 01)
	55	−0 01	0 00	−0 01	50	−0 00	0 00	0 00
		(0 02)	(0 01)	(0 01)		(0 01)	(0 01)	(0 01)
	60	0 03	0 02	0 00	55	−0 02	−0 02	−0 00
		(0 02)	(0 02)	(0 00)		(0 02)	(0 01)	(0 01)
小学文凭	50	0 00	0 01	0 01	45	0 01	−0 01	−0 01
		(0 01)	(0 01)	(0 01)		(0 01)	(0 01)	(0 01)
	55	−0 00	0 00	−0 00	50	−0 01	0 00	0 00
		(0 01)	(0 01)	(0 01)		(0 01)	(0 01)	(0 01)
	60	−0 00	−0 00	0 00	55	0 04	0 03	0 02
		(0 02)	(0 01)	(0 01)		(0 02)	(0 02)	(0 02)
已婚	50	−0 00	−0 00	−0 01	45	0 00	−0 00	0 00
		(0 01)	(0 01)	(0 00)		(0 01)	(0 01)	(0 00)
	55	0 01	0 00	−0 01	50	0 02	0 01	0 01
		(0 01)	(0 01)	(0 01)		(0 01)	(0 01)	(0 01)
	60	−0 01	0 00	0 00	55	−0 01	0 01	0 00
		(0 01)	(0 01)	(0 01)		(0 01)	(0 01)	(0 01)
从未结婚	50	−0 00	0 00	0 00	45	−0 00	0 00	−0 00
		(0 00)	(0 00)	(0 00)		(0 00)	(0 00)	(0 00)
	55	−0 01	−0 00	0 00	50	−0 00	−0 00	−0 00
		(0 00)	(0 00)	(0 00)		(0 01)	(0 00)	(0 00)
	60	0 00	−0 00	−0 00	55	−0 00	−0 00	−0 00
		(0 00)	(0 00)	(0 00)		(0 00)	(0 00)	(0 00)

		男性				女性		
		+/-1	+/-2	+/-3		+/-1	+/-2	+/-3
离异	50	0 00	-0 00	0 00	45	-0 00	-0 00	-0 00
		(0 01)	(0 00)	(0 00)		(0 00)	(0 00)	(0 00)
	55	-0 00	0 00	0 00	50	-0 00	0 00	0 00
		(0 01)	(0 00)	(0 00)		(0 00)	(0 00)	(0 00)
	60	-0 00	-0 01	-0 01	55	0 00	-0 01	-0 00
		(0 01)	(0 00)	(0 00)		(0 00)	(0 00)	(0 00)
守寡	50	0 00	0 00	0 00	45	0 01	0 00	0 00
		(0 00)	(0 00)	(0 00)		(0 01)	(0 00)	(0 00)
	55	-0 00	0 00	0 00	50	-0 01	0 00	0 00
		(0 01)	(0 00)	(0 00)		(0 01)	(0 01)	(0 00)
	60	0 01	0 01	0 01	55	0 01	-0 00	0 00
		(0 01)	(0 00)	(0 00)		(0 01)	(0 01)	(0 01)

注：左边的文字是因变量，括号内数字是标准差。

2. 尽管人们的真实年龄随着时间变化而变化，因而不会被选择，但是样本中的年龄有可能因为自报的缘故出现选择性，从而影响我们的识别。理论上，直接检验驱动变量是否有选择性的方法是检验每个人的驱动变量的密度函数是否在阀值处存在断点。由于不可能检验每个人的密度函数，于是一种直观的方法是检验总体加总的密度函数的连续性。通过画出驱动变量——年龄分性别的密度函数，得出无论是男性还是女性，年龄的密度函数在政策规定的退休年龄处是连续和平滑的，没有显著的跳点。这个检验在一定程度上支持了我们的方法是有效的。见图 8.5。

3. 检验是否由于大样本或者说模型设定的缘故导致了所发现的显著性结果。我们取每个政策规定的退休年龄前后各 1 年作为我们假想的断点处。例如 60 岁是男性正常退休的年龄，那么我们就取 59 岁和 61 岁作为假想的阈值，然后用前面类似的方法进行估计。如果我们的方法是对的，那么我们在这些假想的跳点处就不应该发现显著的结果。结果表明，例如 60 岁是男性正常退休的年龄，那么我们就取 59 岁和 61 岁作为假想的阈值，然后用前面类似的方法进行估计。如果我们的方法是对的，那么我们在这些假想的跳点处就不应该发现显著的结果。见表 8.4。

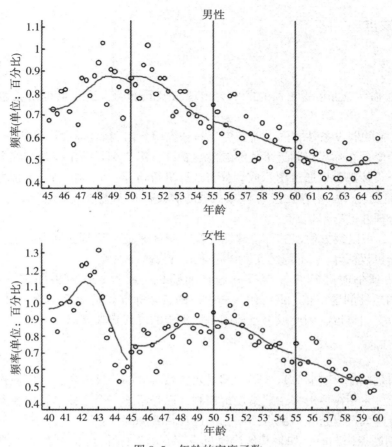

图 8.5　年龄的密度函数

表 8.4　　　　　　　　　　　　对其他年龄可能成为断点的检验

年龄	男性		女性	
	61	0 00 (0 02)	56	−0 01 (0 01)
	59	0 02 (0 02)	54	0 02 (0 02)
	56	−0 01 (0 02)	51	−0 01 (0 02)
	54	−0 02 (0 02)	49	0 03 (0 02)
	51	0 01 (0 01)	46	0 03 (0 02)
	49	−0 00 (0 01)	44	0 02 (0 02)

注：括号内数字是标准差。这里的估计模型还是（1）式（指原文中的（1）式），估计的样本是可能成为断点年龄的前后 1 岁，而可能成为断点的年龄是政策规定的退休年龄的前后 1 岁。

二、优缺点

(一)优点[1]

1. 个体在临界点处接受干预的概率会出现明显的不同,这一点可以通过图形直观地进行展示。

2. RD 实施的假设条件更弱,而且更容易被检验。RD 估计需要满足两个基本的假设:第一个是驱动变量在临界点附近不能够被随意操纵,第二个是前定变量在临界点附近是平滑的。这两个条件都可以通过图示或者分布估计进行检验。而其他因果识别方法,比如说IV 的外生性假设、PSM 不存在遗漏解释变量的假设往往不能够直接进行验证,需要作者不断地为其合理性进行辩护。

3. RD 估计可以很方便地进行稳健性检验,具体来说可以通过不同的估计方法(包括参数估计和非参数估计)、不同的窗宽设定等进行稳健性检验。

4. 在政策评估时往往存在着政策选择非随机,或者存在着混淆因素(confounding factors)使得内生性问题严重,此时解决内生性的黄金标准就是随机实验,RD 设计在性质上与随机实验更加接近,因此成为当前因果识别中的优先选择方法。

(二)缺点[2]

断点回归是拟随机实验方法中揭示因果效应最有效的一种方法,可以视作是一种特殊的倾向值匹配,它不需要对多个混淆变量控制,而是考虑一个个体是否接受某个自变量的影响,不用考虑太过复杂。但断点回归方法也存在着局限性:

1. 在使用断点回归时,如果其他协变量也存在着"中断"的情况,则不清楚是由于其他变量还是我们所关心的强制变量所导致的。

2. 非混淆假设条件严格。断点回归方法假设研究对象是同质的或近似同质的,即被放置对照的个体若放在实验组与放置在实验组的个体产生的效应是一样的,但在实际中很难保证,若产生异质性反应,则估计结果是有偏的。

3. 断点回归衡量的是在临界值附近的局部平均效应,不是一个整体的平均效应,很难推广到整体研究中。

---

[1]　刘生龙. 社会科学研究中的断点回归设计:最新代表性研究及其展望. 公共管理评论,2021,3(2):140-159.

[2]　罗胜. 断点回归设计:基本逻辑、方法、应用述评. 统计与决策,2016(10):78-80.

第九章　中介效应和交互效应分析

什么是机制检验？机制，换个词可以称为影响渠道、影响途径，我们常说"Z是X影响Y的机制"，就是在说"X是通过Z来影响Y的"。通过这个表述可以看出：当X对Y存在非直接的影响时，需要开展机制分析；当X对Y只存在直接影响时，则不需要开展机制分析。我们可以举以下例子来说明。

张川川、李涛（2016）在《网络与文化双重视角下的宗族与创业：影响与机制》中发现我国传统宗族对当代个体创业活动具有显著的正向影响，为了进一步解释这一现象，作者从网络、文化两个不同的视角检验了宗族影响个体创业的具体机制。范子英、李欣（2014）在《部长的政治关联效应与财政转移支付分配》中研究了政治关联对经济增长的影响，并发现"新任部长对其出生地的经济增长具有显著的促进作用"，并"尝试从地方投资角度解析政治关联的作用机制，之所以选择地方投资来解释是因为投资往往是地方政府发展本地经济的重要手段"。

在实证分析前，为了给变量之间的影响提供有说服力的解释，使结论更加有根有据、科学合理，研究者一般会构建一个理论框架，在探讨X对Y影响的基础上，进一步挖掘两者关系的影响机理，阐明自变量X可以通过Z1、Z2、Z3等机制或渠道影响Y。在明确了X影响Y的渠道Z后，再通过实证分析来检验Z1、Z2、Z3等机制是否有符合理论预期的效果，如有，则可能存在相应机制；若无，则可排除相关机制。本章节将介绍两种检验机制的实证分析方法：中介效应分析和交互效应分析。

第一节　中介效应分析

一、中介效应简介

中介效应的机制分析，是支持研究观点或假说的重要方法。那么什么是中介效应呢？所谓"中介"，是指连接自变量X对因变量Y的因素。例如，租客（X）通过中介公司（M）找到合适的房子（Y），中介公司就在其中扮演了中介变量的角色，中介变量发挥的作用就称为中介效应。概括而言，考虑自变量X对因变量Y的影响，如果X通过影响变量M而对Y产生影响，则称M为中介变量。在研究中，我们探索自变量X对因变量Y产生的影响，得到X和Y在实际或理论上的关系，进而我们试图探索两者之间关系的内部机制或原理，中介效应分析为回答这一问题提供了可能性。

二、中介效应分析方法

中介效应分析是检验某一变量是否成为中介变量，发挥何种程度中介作用的重要步骤。我们先以最简单的单中介模型为例来说明中介效应分析的思路，再具体介绍三种中介效应分析方法。

假设所有变量都已经中心化（即均值为零），可用图 9.1 来描述变量之间的关系。图中分为两个部分，图 9.1(a)是自变量 X 作用于因变量 Y，路径系数为 c。由于不涉及第三个变量，所以系数 c 代表了自变量作用于因变量的总效应。图 9.1(b)是在控制中介变量 M 以后，自变量 X 和因变量 Y 之间的关系，其中系数 a 代表自变量作用于中介变量的效应，系数 b 表示中介变量作用于因变量的效应，两者构成图中变量间关系的间接效应，系数 c' 代表考虑在控制中介变量后，自变量作用于因变量的效应，也就是自变量和因变量之间的直接效应。那么，图 9.1(b)中的变量间总效应就应该等于直接效应加上间接效应，即总效应 $= ab + c'$。将图 9.1(a)和 9.1(b)结合起来，我们就得到了 $c = ab + c'$，c 为总效应，c' 为直接效应，ab 为中介效应也称间接效应。我们做中介效应分析就是要检验 ab 效应是否存在，以及它在总效应中的占比，体现中介效应的作用程度。

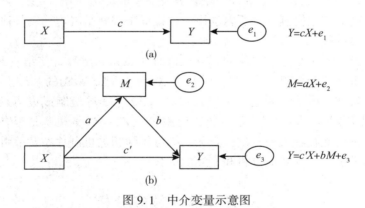

图 9.1　中介变量示意图

（一）逐步检验回归系数法

逐步检验回归系数的方法分为三步（Baron 和 Kenny，1986；Judd 和 Kenny，1981；温忠麟，等，2004）：

$$Y = cX + e_1 \tag{9.1}$$

$$M = aX + e_2 \tag{9.2}$$

$$Y = c'X + bM + e_3 \tag{9.3}$$

第一步：检验方程(9.1)的系数 c，也就是自变量 X 对因变量 Y 的总效应；
第二步：检验方程(9.2)的系数 a，也就是自变量 X 和中介变量 M 的关系；
第三步：控制中介变量 M 后，检验方程(9.3)的系数 c' 和系数 b。
判定依据：（1）系数 c 显著，即 H0：$c = 0$ 被拒绝；②系数 a 显著，即 H0：$a = 0$ 被拒

绝，且系数 b 显著，即 H0：$b=0$ 被拒绝。同时满足以上两个条件，则中介效应显著。如果在满足以上两个条件的同时，在方程(9.3)中，系数 c' 不显著，则称为完全中介。

我们结合疫情对企业发展的影响来举例说明。比如要检验"疫情冲击—经营压力—企业发展预期"这一影响机制，具体检验程序如下：首先，检验疫情冲击(X)对企业发展预期(Y)的影响，观察模型中疫情冲击的回归系数 c；其次，检验疫情冲击(X)对企业经营压力(M)的影响，观察模型中的回归系数 a；最后，检验疫情冲击(X)、经营压力(M)对企业发展预期(Y)的影响，观察模型中的回归系数 c'、b。

在这一例子中，若中介效应成立需要满足的条件是：第一，需要满足 a 在统计上显著，否则中介效应不显著；第二，在 a、b 都显著的情况下，若 c' 显著且满足疫情冲击对企业发展预期的影响变小，则存在部分中介效应；若 c' 不显著，则表示存在完全中介效应。在实际操作中，若 a、b 至少有一个不显著，则需要通过 Sobel 检验判断中介效应的显著性。见图 9.2。

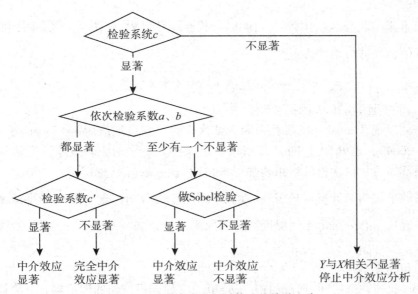

图 9.2　逐步检验回归系数法的检验程序

逐步检验回归系数方法简单易懂，是检验中介效应最常用的方法。在检验过程中，我们需要注意的是：逐步检验的检验力在各种方法中是最低的（Fritz 和 Mac Kinnon，2007；Hay，2009；MacKinnon，等，2002）。就是说，当中介效应较弱的时候，逐步检验回归系数的方法很难检验出中介效应显著，但反过来理解，温忠麟等（2014）提出如果研究者用依次检验已经得到显著的结果，检验力低的问题就不再是问题。

方程(9.1)的系数 c 显著是逐步检验回顾系数方法的基础，但是这一点也受到了后来研究的挑战，因为在有些情况下 c 不显著恰恰是受到了中介效应的影响。例如，工人的智力(X)按理说应该和工人在产线中犯的错误数量(Y)反向相关，但是数据呈现两者之间并不相关，也就是方程(9.1)的系数 c 不显著。经过分析，发现是工人在工作中的无聊程度

(M)在起作用。在所有其他条件相同的情况下，越聪明的工人会表现出越高的无聊水平，X 和 M 正相关，方程(9.2)的系数 a 符号为正，而无聊与错误的数量呈正相关，M 和 Y 正相关，方程(9.3)的系数 b 符号为正，越聪明的工人将犯越少的错误，即 X 和 Y 负相关，方程(9.3)的系数 c' 符号为负。这样虽然中介变量在发挥作用，总效应 c($=ab+c'$)却因为直接效应 c' 和间接效应 ab 的相互抵消而不再显著，即所谓的抑制/遮掩模型(suppression model)(MacKinnon，等，2000)。在实践中直接和间接效应完全抵消的情况并不常见，但是直接和间接效应大小相似或符号相反必然存在，甚至会影响因变量和自变量之间的整体关系，所以逐步检验法可能会错过一些实际存在的中介效应。

(二)系数乘积检验法

检验系数乘积是直接针对假设 H0：$ab = 0$ 提出的检验方法，有多种计算公式，我们介绍两种常用的方法。

1. Sobel 检验

目前最常用的就是 Sobel(1982，1988)，检验统计量为 $z = \hat{a}\hat{b}/s_{ab}$，其中 $\hat{a}$ 和 $\hat{b}$ 分别是 a 和 b 的估计值，$\hat{a}\hat{b}$ 的标准误为：

$$se(ab) = \sqrt{\hat{a}^2\, se_b^2 + \hat{b}^2\, se_a^2} \tag{9.4}$$

se_a 和 se_b 分别是 $\hat{a}$ 和 $\hat{b}$ 的标准误。

模拟研究发现，Sobel 法的检验力高于依次检验回归系数法(MacKinnon 等，2002；温忠麟，等，2004)，也就是说 Sobel 可以检验出比前者更多的中介效应，但如果两种方法检验的结果都显著，依次检验结果要强于 Sobel 检验结果(温忠麟，等，2004)。

检验系数乘积的统计量推导需要假设 $\hat{a}\hat{b}$ 服从正态分布，这一点是很难保证的，因为即使 $\hat{a}$ 和 $\hat{b}$ 服从正态分布也无法保证两者的乘积服从正态分布，因而 Sobel 检验也存在一定的局限性。

2. Bootstrap 检验

Bootstrap 检验的也是针对假设 H0：$ab = 0$，它根据标准误的理论概念，将样本容量很大的样本当做总体，进行有放回抽样(抽样次数可以自己定)，从而得到更为准确的标准误。例如，将一个容量为 500 的样本当做 Bootstrap 总体，从中有放回地重复取样，可以得到一个 Bootstrap 样本(容量还是 500)。对这 500 个 Bootstrap 样本，可以得到 500 个系数乘积的估计值，其全体记为 $\hat{a}\hat{b}$，将它们按数值从小到大排序，其中第 2.5 百分位点和第 97.5 百分位点就构成 ab 的一个置信度为 95% 的置信区间，如果这个置信区间不包含 0，则说明拒绝原假设 H0：$ab = 0$，系数乘积显著(方杰，张敏强，2012；Preacher 和 Hayes，2008；Preacher，等，2007；温忠麟，等，2012)。

总结：(1)Bootstrap 的前提条件是样本能够代表总体；(2)模拟研究发现，与其他中介效应检验方法相比，Bootstrap 具有较高的统计效力，Bootstrap 法是公认的可以取代 Sobel 方法而直接检验系数乘积的方法(温忠麟，叶宝娟，2014)。

第二节 交互效应分析

一、如何解释交互效应

什么是交互效应？交互效应可以简单地理解为"取决于"。例如，我们想知道哪种调味品能够带来最美妙的味觉享受，在分析这一问题时，因变量是味觉享受（enjoyment），两个自变量分别是调味品（condiment）和食物（food）。如果有人问你："你喜欢在食物中加入哪种调味品？"毫无疑问，你会回答："这取决于食物的类型！"调味品和味觉享受之间的关系，的确取决于食物的类型：当食物为冰淇淋时，加入巧克力酱能够获得更高的味觉享受；当食物是热狗时，加入沙拉酱的味觉享受较好。相反，如果将巧克力酱放在热狗上，或者沙拉酱放在冰淇淋上，则可能会很难吃。这就是交互效应中所谓的"取决于"，而交互项在以 enjoyment 为因变量的回归模型中表示为：condiment×food。

当然，以上讨论的是两个"类别"自变量之间的交互效应的例子。除此以外，"连续"自变量之间的交互效应也可以举例来说明。例如，在制造业中产品材料的强韧程度（strength）与生产过程中的温度（temperature）和压力（pressure）有关：在高压力下，温度和强度之间呈正相关；而在低压力下，温度和强度之间呈负相关。在构建回归模型的时候，我们加入温度和压力的交互项，就可以捕捉到温度和强度之间的关系基于压力值变化的情况。如果交互项 temperature×pressure 的估计参数在统计上显著异于零，此时若有人问你："想要最大程度提高材料强度，应该用高温还是低温呢？"那么你需要回答："这取决于压力值的大小。"

交互效应表明：第三个变量会影响自变量和因变量之间的关系。在复杂的经济社会活动中，自变量之间存在这样的联系不足为奇。如果现实的确存在这样的规律和联系，此时我们需要将交互项纳入回归模型，以免出现估计错误。

在这一分析过程中，我们需要区别出什么是主效应，什么是交互效应。

（1）主效应：某一变量不依赖于其他变量的独立作用；

（2）交互效应：条件效应，某一变量发挥作用的同时，也会与其他变量协同发挥作用，或者依赖于其他某个变量。

（3）交互效应应考虑变量间的协方差和联合显著性。

当我们采用回归模型来估计自变量对因变量的影响时，这种效果称为主效应。在前一个例子中，主效应是调味品对味觉享受的影响；在后一个例子中，主效应是温度对材料强度的影响。但要注意的是，当存在交互效应时，主效应所对应的因变量和自变量之间的关系，将由第三个变量来连接，此时如果回归模型仅纳入主效应会出现模型设定的错误。当交互效应在统计学上显著时，如果待估计模型未考虑交互项，就无法解释主效应。这就好比，如果不知道食物的类型，就无法回答哪种调味品更好的问题一样。加入了交互项，我们就可以通过结合食物的选择和调味品的选择，得到最美妙的味觉享受。因此，交互效应的估计对于模型估计至关重要。

综上所述，当一个变量的作用取决于另一变量的值时，就会发生交互效应。值得注意的是，在模型的解释过程中，我们有时还会提到一个概念叫做"双向交互效应"，即调味品对味觉享受的作用取决于食物类型，同时食物对味觉享受的作用也取决于调味品类型，两种解释方式同样有效。

因此，我们将带交互项的回归模型设定为以下形式：

$$y = a \cdot x_1 + b \cdot x_2 + c \cdot (x_1 \cdot x_2) \tag{9.5}$$

其中：

$$\partial y / \partial x_1 = a + cx_2 \tag{9.6}$$

$$\partial y / \partial x_2 = b + cx_1 \tag{9.7}$$

$$\partial^2 y / \partial x_1 \partial x_2 = c \tag{9.8}$$

二、交互效应的识别

在展开实证分析的前期，我们一般需要进行一些探索性分析，即设定不同的嵌套模型进行参数估计。由于不同变量间的复杂关系，在没有纳入交互项的时候，会体现出不同嵌套的模型间的估计差异。在不断加入自变量的过程中，若发现加入某一变量，会导致原来显著的变量变得不显著，或者显著但系数符号发生变化，则可以得出简单结论：该变量与发生变化的变量之间，很可能存在某些没有阐明的作用，这些作用很可能就是"交互作用"。当我们发现这种情况时，可以考虑加入交互项并进行验证。

如果模型中只有一个交互项的话，交互项前面的系数的显著性是由 t 检验自动完成的，此时，只要这个交互项的参数估计在统计学上显著（即 p 值<0.05），那么这个交互效应就是存在的。如果模型中包含不止一个交互项，那么就需要针对所有交互项进行联合显著性的 Wald 检验，以考察模型整体交互效应是否成立（在 stata 软件中使用 test 命令即可执行）。

三、多重共线性问题

值得注意的是，在实际操作中，也许经常遇到一个特殊的情形：在未纳入交互项时，主效应 X 对 Y 的影响是显著的，但是一旦纳入交互项，且交互项显著时，主效应 X 对 Y 的影响却不显著了。产生这种情况的原因在于：纳入交互项后，模型中的自变量、交互项和调节变量之间可能会存在较为严重的多重共线性问题，即变量之间在解读因变量时存在重复（过度）解读，所以导致此时的主效应不再显著。

从统计分析角度来看，交互项中含有自变量的信息，在引入后普遍存在主效应系数或符号发生变化的问题，属于常规的现象，回归的结果依然是可以接受的。在后续解读交互效应时，考虑到此时主效应系数不再显著，我们常常以未纳入交互项时的主效应的符号作为参考对象，并以此为基础对象来分析交互项系数符号的内涵，即由此判断其中间的影响机制是负向还是正向。

在心理学、管理学、社会学研究中，在回归模型中引入交互项的操作方法被称为"调节效应"（moderating effect）分析。从统计学角度来看，调节效应和交互效应是一样的，但不同的是，交互效应可以是双向的，但在调节效应分析中，哪个是自变量，哪个是调节变量，是明确且不能在设定好的模型中随意更换的（温忠麟，2005）。根据调节效应分析的实证操作惯例，为了避免引入交互项引起的严重多重共线性问题，通常会提前对参与构建交互项的变量进行中心化处理，即各观测值取其与平均数之差，然后以中心化处理后的自变量和调节变量作为基础来构建交互项，这样处理的初衷在于尽量去降低多重共线性带来的估计问题。

四、交互效应的系数符号与含义

一般而言，交互效应的解读需要基于主效应的影响关系，只有知道主效应影响关系系数符号了，我们才能找到调节效应的真正含义。一般而言，交互项系数符号，与主效应相同则为增强，与主效应相反则削弱。结合主效应和调节影响的两者符号，我们可以将调节效应分为如下几类，如表9.1所示。

表9.1　　　　　　　　　　　不同系数符号下的主效应与交互效应

情形	自变量 X 的系数		交互项 $X \times M$ 的系数	
	符号	含义	符号	含义
①	+	X 影响 Y 的主效应为正	+	调节变量 M 强化/促进了 X 对 Y 的正向影响
②	+	X 影响 Y 的主效应为正	−	调节变量 M 弱化/抑制了 X 对 Y 的影响（M 与 X 对 Y 的影响存在明显替代关系）
③	−	X 影响 Y 的主效应为负	+	调节变量 M 弱化/抑制了 X 对 Y 的负向影响（M 与 X 对 Y 的影响存在明显替代关系）
④	−	X 影响 Y 的主效应为负	−	调节变量 M 强化/促进了 X 对 Y 的负向影响

来源：由编者整理。

针对表中②这种特殊情况，我们可以给出一个例子：政治联系（X）对企业获取银行贷款（Y）具有显著的正向促进作用；当在考察调节效应时发现，政治联系（X）和市场化程度（M）的交叉项 $X \times M$ 的系数显著为负，且调节变量市场化程度（M）系数显著为正，这表明整体而言，市场化程度削弱了政治联系对银行信贷的正向影响，且在市场化程度较低时，政治联系所发挥的积极作用比较明显，但是随着市场化程度的提高，政治联系的积极作用逐渐降低，这表明市场化改革和政治联系两者在企业银行信贷上存在明显的替代关系，即正式制度与非正式制度在经济发展的企业融资中的替代关系。

第三节　本章小结

本章所介绍的中介效应分析和交互效应分析，两者最为突出的区别在于"变量 M 与因变量 Y 和自变量 X 的相关程度"。在交互效应分析中，理想的调节变量与自变量和因变量的相关都不大；但在中介效应分析中，中介变量需要与自变量和因变量同时有联系，需要满足变量 X 通过影响变量 M 来影响变量 Y 这一前提。由此可知，如果一个变量与自变量和因变量相关不大，那么它不可能成为中介变量，但有可能成为调节变量。为了更好地区分以上两种机制检验方法，温忠麟等(2005)对两者进行了更为系统的比较(如表9.2)。

表9.2   调节变量与中介变量的比较

	调节变量 M	中介变量 M
研究目的	X 何时影响 Y 或何时影响较大	X 如何影响 Y
关联概念	调节效应、交互效应	中介效应、间接效应
什么情况下考虑	X 对 Y 的影响时强时弱	X 对 Y 的影响较强且稳定
典型模型	$Y=aM+bM+cXM+e$	$M=aX+e_2$ $Y=c'X+bM+e_3$
模型中 M 的位置	X、M 在 Y 前面，M 可以在 X 前面	M 在 X 之后、Y 之前
M 的功能	影响 Y 和 X 之间关系的方向(正或负)和强弱	代表一种机制，X 通过它影响 Y
M 与 X、Y 的关系	M 与 X、Y 的相关可以显著或不显著(后者较理想)	M 与 X、Y 的相关都显著
效应	回归系数 c	回归系数乘积 ab
效应估计	$\hat{c}$	$\hat{a}\hat{b}$
效应检验	c 是否等于零	ab 是否等于零
检验策略	做层次回归分析，检验偏回归系数 c 的显著性(t检验)；或者检验测定系数的变化(F检验)	做依次检验，必要时做 Sobel 检验[18]

来源：温忠麟，等. 调节效应与中介效应的比较和应用. 心理学报，2005(2).

    中介效应分析和交互效应分析在经济学与管理学领域都有广泛的应用。如前文所述，在管理学、社会学等学科的计量分析中，考察变量之间的中介效应和调节效应，所基于的社会调查所采集的一手调研数据，普遍是一期的截面数据。如果样本数量不足，或因调研条件所限而造成的样本数据分布非正态，那么根据陈瑞(2013)的观点，使用 Baron 和 Kenny(1986)的三步检验法来进行中介效应、调节效应检验，结果是有偏误的。陈瑞(2013)建议使用 Hayes(2013)开发的基于 Bootstrap 法的 process 宏进行中介效应、调节效应检验。交互项是调节效用检验的重要方法。

    总的来说，机制检验的开展需要紧密结合学科理论，具体问题具体分析。需要强调的是：第一，中介变量或调节变量(M)的选取，需要具体考虑相关的学科理论或经验常识，将一个变量作为中介变量或调节变量，在分析之前必须从学科理论或经验常识的角度解释得通。具体操作中，可以考虑从个人层面、企业层面和地区层面等方向来入手，比如市场化程度、营商环境、对外开放程度、产权性质等，至于选取什么样的具体变量，还需要结合各自所考察的选题。第二，采用中介效应还是交互效应方法的选择上，则需要注意，有的变量不受自变量的影响，自然不能成为中介变量，但可以考虑为调节变量。对于给定的自变量和因变量，有的变量做调节变量和中介变量都是合适的，从理论上都可以做出合理的解释。

第十章　因果中介效应识别

中介效应和交互效应也往往被认为是"机制(mechanism)检验"或"过程分析(progress analysis)"中最重要的两部分,我们在上一章对中介效应和交互效应展开了分析和对比,对基于结构模型的中介效应分析的假设、步骤和检验方法有了一定的了解。同时,由于基于结构模型的中介效应分析方法缺乏对反事实的关注,本章将对因果中介效应分析进行系统性介绍。为了保证本章结构完整性,本章首先对上一章部分内容进行简要回顾,分析传统中介分析方法的主要问题,进一步地介绍基于因果推断的中介效应分析方法:首先从因果推断中介效应的基本概念和基本假设开始,介绍因果中介效应的基本假设及其作用,进一步地,介绍因果推断中介效应识别的策略,最后简要介绍一下敏感性分析及其在中介效应分析中的应用。

第一节　传统 SEM 中介分析及其问题

上一章节介绍过,传统基于 SEM 的中介效应分析往往参照 Baron and Kenny(1986)的因果逐步回归分析法,基于一定假设,通过四个步骤对三个模型进行估计。在本章,我们仍从因果中介关系图出发,简要回顾传统 SEM 中介效应分析的步骤。首先,看图 10.1 中常见的因果中介关系图。

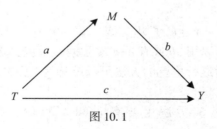

图 10.1

其中,T 为原因变量或干预变量(causal variable),Y 为结果变量(outcome),M 称为中介变量(mediated variable)或过程变量(process variable)。我们需要再次强调的两点是:(1)中介模型是一个因果模型(causal model),也就是说在中介效应分析中,假设中介变量 M 导致了结果变量 Y 而不是反过来。如果因果模型是错误的,则中介分析的意义不大。(2)尽管统计模型可以被用来估计假设的中介效应模型,但是,中介效应并不是统计意义上的定义。

如果中介效应模型的设定是正确的,则图 10.2 中的因果中介关系路径 a、路径 b 和

路径 c 可以用多次回归(multiple regression)估计。在这种情况下,上述中介效应可以用结构方程表示为:

$$Y_i = c_0 + cT_i + \varepsilon_{i1}$$
$$M_i = a_0 + aT_i + \varepsilon_{iM}$$
$$Y_i = \alpha_0 + c'T_i + bM_i + \varepsilon_{iY}$$

传统 SEM 中介效应估计和检验主要分为两部分:(1)进行一系列回归并检验回归系数的统计显著性;(2)构建并计算因果中介效应估计量并检验该估计量的显著性。

其中,第一部分的回归步骤都基于 Baron and Kenny (1986)、Judd and Kenny (1981)以及 James and Brett (1984)提出的检验中介效应"逐步回归法"展开:

步骤1:证明 T 和 Y 相关。Y 作为被解释变量,T 作为解释变量,估计并检验路径 c。

步骤2:证明 T 和 M 相关。M 作为被解释变量,T 作为解释变量,估计并检验路径 a。

步骤3:证明 M 影响 Y。Y 作为被解释变量,T 和 M 作为解释变量,估计并检验路径 b。

步骤4:检验控制 M 后,确定 T 对 Y 的影响是否为 0 以确定 M 是否为完全中介。估计方程和步骤3一样。

正如上一章提到的,由于可能存在设定错误(specification error),因此,即使一个中介效应模型满足上述全部步骤的检验,也不能断言中介效应一定存在。同时,需要注意的是,以上所有步骤检验的是系数是否为 0,而不是系数是否具有统计显著性。

另外,不少学者指出,即使不存在设定错误,上述"逐步回归"中步骤 1 的检验效力也存在很大问题:存在间接效应(a、b)显著,但路径 c 和路径 c' 不显著的情况。例如,在"不一致中介效应"(inconsistent mediation)情形下,c' 和 ab 的符号相反,间接效应存在,但总效应 c 并不显著,步骤 1 并不满足,但中介效应存在。另外,就步骤 4 中对"完全中介"和"部分中介"的检验也存着较大争议(温忠麟,刘红云,2020)。

在上述回归步骤的基础上,因果总效应可以被分解为直接效应和间接效应之和,表示为:

$$c = c' + ab \quad 或 \quad ab = c - c'$$

根据这两个表达式,可以用 ab 或者 $c-c'$ 度量间接效应,进一步地也可以对这两个统计量进行统计检验,对前者进行检验的方法可以统称为"系数乘积检验方法",后者称为"系数差异检验法"。

常见的"系数乘积"检验方法主要有 a 和 b 的联合显著性检验、Sobel 检验、Bootstrapping 法、MCMC 法:

(1)a 和 b 的联合显著性检验由 Fritz & MacKinnon(2007)提出,是一种相对简单且直接的检验间接效应的方法,但该方法的一个缺陷是并没有为间接效应提供置信区间。

(2)很多结构方程模型中都用 Sobel 公式度量和检验间接效应。Sobel 法利用估计系数 a、b 以及 ab 的标准误构建 Sobel 统计量,其表达式为:

$$Z_{\text{sobel}} = \frac{ab}{\sqrt{a^2 s_b^2 + b^2 s_a^2}} = \frac{ab}{s_{ab}}$$

Sobel 检验的原假设为 H0:$ab = 0$。在原假设下,$ab = 0$,Z_{sobel} 服从标准正态分布。我

们知道，正态分布具有对称性，但实际应用中，ab 的分布往往具有很大的偏度（skew），其分布往往不具有对称性。因此，Sobel 方法错误地假设了对称性，导致了检验的保守性（conservative）。

（3）Bootstrap 法是公认的可以取代 Sobel 法检验原假设 $ab = 0$ 是否成立的方法。与 Sobel 法假设不同的是，Bootstrap 法不需要假设路径 a 和路径 b 是独立的。常用的 Bootstrap 法主要是非参数百分位 Bootstrap 法和偏差修正的非参数百分位 Bootstrap 法，前者基于样本抽样，因此重复抽样的分布均值并不会精确等于间接效应，后者在此基础上修正了偏差，代价是出现第一类错误的概率会更高（Type 1 error）（Fritz, Taylor, and MacKinnon，2012）。对于这两种方法的选择，Hayes and Scharkow（2013）的观点是：如果更关注 Bootstrap 法的估计效力，则使用偏差修正的非参数百分位 Bootstrap 法；如果更担心第一类错误发生率，则使用非参数百分位 Bootstrap 法。

（4）MCMC 法在贝叶斯理论框架下将马尔可夫链过程引入蒙特卡洛模拟（MacKinnon et al.，2004）。该方法比自助法的计算量要小，但同时也进行了很多次抽样；但该方法由于需要设定先验分布（prior distribution）而存在一定争议。

与以上几种方法不同，"系数差异检验法"通过检验原假设：H0：$c - c' = 0$ 来检验间接效应，该方法与 Sobel 法思路类似，旨在通过计算 $c - c'$ 估计量的标准误构建相关统计量对其进行检验，但是，该方法第一类错误明显高于 Sobel 法等检验系数乘积的方法（MacKinnon，et al.，2002）。

基于上述传统 SEM 中介效应估计和检验程序的回顾，在"逐步回归"部分存在：步骤 1 检验效力不足，可能存在"不一致中介"以及"完全中介"与"部分中介"的争议等问题；在"估计并检验因果中介效应估计量"部分，使用不同检验方法均存在一定不足。除此之外，传统基于结构方程模型的中介效应分析方法还存在以下不足：一是上述分析方法均基于线性假设，很难拓展到非线性模型中，无法分析中介变量与原因变量存在交互效应的情形；二是上述分析框架缺少对反事实情形的关注，且缺少对识别假设不成立时的敏感性分析。本章接下来要介绍的基于潜在结果和反事实分析框架的中介效应分析方法则可以一定程度上避免上述不足。

第二节　因果中介效应相关概念

因果中介分析基于潜在结果（反事实）分析框架，为研究者提供了在随机试验和非随机实验情形下识别因果效应、中介效应的假设和方法。因果中介效应分析方法和前文所述常规 SEM 中介效应分析方法中的基本因果关系结构是一样的，只是变量和路径的表示符号不同。但在定义和假设方面，二者存在诸多不同。

因果中介效应方法和传统 SEM 方法的一个重要差异是：在因果中介效应分析框架下，每种效应都是先验的定义，这些定义适用于任何模型，包括那些存在混淆变量的模型以及非线性的模型；而传统 SEM 方法要求"模型设定"在（研究者关注的）"效应定义"之前就必须满足特定的限制。显然，这在逻辑上是矛盾的：因为在我们给模型施加限制之前，就应该知道我们要估计什么，也就是"效应定义"此时应该是已知的，而不是在给定模型限制后再去定义我们所关心的"效应"估计量。特别的，在传统 SEM 中介分析方法中，"没有遗漏变量"的假设必须在所有这些"因果效应"的定义之前(Judd and Kenny，1981，2010)。因为经典的统计概念中只能用"控制中介变量 M"表述，而不能像因果概念那样用"固定 M 为某个常数"，而这两个概念只有在"没有遗漏变量"假设下是一样的，因此在传统 SEM 中介分析中只能先给出"没有遗漏变量"的假设，再给出各种"因果效应"的定义，而因果中介效应分析则允许我们先从"因果(中介)效应"定义开始，再根据定义研究其识别假设。

　　因此，本章从 Judea Pearl(2014)中的因果中介效应图开始，先介绍因果中介效应分析中的相关定义，再在此基础上引出识别因果中介效应的基本假设。

　　图 10.2 中，T、M、Y 的含义与常规 SEM 中介分析方法一致：T 为原因变量或干预变量(treatment)，M 为中介变量，Y 为结果变量。图 10.2 中，(a)是最基本的非参数中介效应模型(无混淆)，默认 $U_T \perp U_M \perp U_Y$；(b)是典型的有混淆的中介效应模型，在(b)中的模型里，U_M 和 (U_T，U_Y)是相关的。而(c)是(b)的简化版本。

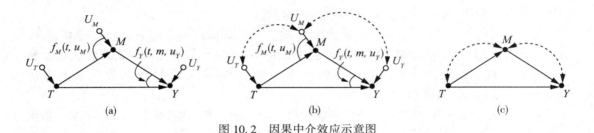

图 10.2　因果中介效应示意图

　　图中的因果关系用结构方程可以表示为：

$$t = f_T(u_T) \quad m = f_M(t, u_M) \quad y = f_Y(t, m, u_Y)$$

其中，变量 T、M、Y 可以是离散随机变量，也可以是连续随机变量，f_T、f_M、f_Y 为任意函数，U_T、U_M、U_Y 分别为影响 T、M、Y 的遗漏变量。可以看到，与传统结构模型中介分析相比，因果中介分析中，变量也并不一定是区间变量，事实上，在因果中介分析中，T、M、Y 通常被假定为二值变量。同时，在因果中介分析中，f_T、f_M、f_Y 可以是任何形式的函数，允许 T 和 M 对 Y 有交互作用。

　　Pearl(2009b)证实了上述结构方程均可写成反事实的表达形式，定义反事实变量 M_t、Y_t、$Y_{t,m}$，则上述因果结构方程可以写成：

$$M_t = M(t) = f_M(t, U) \quad Y_t = Y(t) = f_Y(t, M_t, U) \quad Y_{t,m} = Y(t, m) = f_Y(t, m, U)$$

其中，$U = (U_T, U_M, U_Y)$ 表示遗漏变量向量。M_t：表示将 T 的取值固定为 t 时，允许公式中的其他变量变化时 M 的可能取值；Y_t：固定 $T = t$ 时结果变量 Y 的潜在取值；$Y_{t,m}$：固定 $M = m$、$T = t$，允许 U 变化时 Y 的可能取值。

　　由于在因果中介效应分析框架中，变量并不必须为区间变量，同时允许交互项，也就是说，f_T、f_M、f_Y 都是未知的，因此我们将重新定义直接、间接和总效应等因果效应。再次强调，这些定义都基于反事实框架，和常规基于结构模型中介效应分析中的有相似性和对照性，但并不相同。

为了表述和理解方便，这里，我们假设原因变量 T 为二分变量，其取值分别标注为 0 和 1。我们仍用 $Y_i(1)$ 表示个体 i 在 $T=1$ 时 Y 的潜在结果，用 $Y_i(0)$ 表示个体 i 在 $X=0$ 时 Y 的潜在结果，但正如本书中一直强调的，对于个体 i 而言，我们只能观测到其一种潜在结果的实现值，因此我们常常关心的是"平均效应"，对应的，所有个体的平均潜在结果记为 $E[Y(0)]$（或 $E[Y_0]$）和 $E[Y(1)]$（或 $E[Y_1]$），注意这里用 $E[Y_0]$ 和 $E[Y_1]$ 中的下标表示的是 T 的取值为 0 还是 1，而不指代个体。实际上，在本章中，除非特别说明，只有当脚标明确写为" i "时才表示个体。

T 对 Y 的因果总效应（total effect）TE 衡量的是原因变量 X 变化导致的结果变量 Y 的变化，对应传统 SEM 中介图中的路径 c，具体表示为：

$$TE = E\{f_Y[1, f_M(1, u_M), u_Y] - f_Y[0, f_M(0, u_M), u_Y]\}$$
$$= E[Y_1 - Y_0]$$
$$= E[Y|T=1] - E[Y|T=0]$$

控制直接效应（controlled direct effect, CDE）指的是当中介变量 M 等于一个特定值 m 时，原因变量 T 对结果变量 Y 的因果效应，记为：

$$CDE(m) = E\{f_Y[1, M=m, u_Y] - f_Y[0, M=m, u_Y]\}$$
$$= E[Y_{1, m} - Y_{0, m}]$$
$$= E[Y|T=1, M=m] - E[Y|T=0, M=m]$$

可以看到，控制直接效应是中介变量 M 的函数，体现的是原因变量 T 对因变量 Y 的因果关系如何随中介变量改变而改变。需要注意的是，控制直接效应的定义是基于中介变量 M 的具体取值 $M=m$ 而言的，而不会是基于中介变量潜在结果 $M_i(t)$ 定义的。即使在原因变量 T 和中介变量 M 存在交互影响，控制直接效应也可以方便计算不同中介变量取值时，原因变量对因变量的直接因果效应。

自然直接效应（natural direct effect, NDE）指的是中介变量取值为 M_0 时原因变量 T 对 Y 的因果效应，具体形式如下：

$$NDE = E\{f_Y[1, f_M(0, u_M), u_Y] - f_Y[0, f_M(0, u_M), u_Y]\}$$
$$= E[Y_{1, M_0} - Y_{0, M_0}]$$

其中，$M_0 = M(0) = M(T=0)$，表示当 $T=0$ 时 M 的潜在结果。注意，回忆理论基础部分，这个式子中 $Y(1, M_0)$ 是无法观测的：某个个体 i 的原因变量 T 取值为 $T_i=1$ 时，中介变量 M 的取值必然为 M_1，因此 $Y(1, M_0)$ 无法直接观测。

与自然直接效应相对应的是自然间接效应（natural indirect effect, NIE）：

$$NIE = E\{f_Y[1, f_M(1, u_M), u_Y] - f_Y[1, f_M(0, u_M), u_Y]\}$$
$$= E[Y_{1, M_1} - Y_{1, M_0}]$$

其中，$M_1 = M(1) = M(X=1)$，表示当 $T=1$ 时 M 的潜在结果。自然间接效应反映的是当原因变量 $T=1$ 时，中介变量 M 对结果变量 Y 的因果关系。注意，如前文所述，公式中的 $Y(1, M_0)$ 同样无法从样本数据中直接观测到。

直觉上，NDE 衡量的是剔除 M 变化导致的 Y 的变化后，原因变量 T 发生 0→1 变化导致的结果变量 Y 的变化占总效应的比例；NIE 衡量的是剔除 T 变化（固定 $T=1$）导致的 Y 的变化后，中介变量 M 变化导致的结果变量 Y 的变化占总效应的比例。TE-NDE 衡量的

是 Y 的变化归因于(owed)中介效应的程度，NIE 衡量的是 Y 在多大程度上被中介变量解释。中介效应的这两个组成部分，在不存在交互效应的模型(例如线性模型)中是相同的，但在其他模型中差异很大。

关于在实际应用中该如何选取上述几种"因果(中介)效应"的问题，Pearl (2001, 2011)、Robins and Richardson (2011) 和 Vander Weele (2009)的研究中都讨论了在评估不同类型政策效应时如何选择恰当的"因果(中介)效应"类型进行评估，有兴趣的读者可以进一步阅读他们的论文，本书仅简要介绍相关结论：当政策选项是对原因变量 T 施加控制时，应该关注控制直接效应；当政策选项主要作用于机制或过程变量(M)时，应该关注自然直接效应。

进一步地，为了方便理解，我们可以将自然效应(NDE 和 NIE)的定义和参数结构方程中使用的标准的直接效应和间接效应定义联系起来看。如果用传统 SEM 中的线性系统中的定义，我们可以获得期望的结果为：

$$TE = c' + ab \quad NDE = CDE(m) = c' \quad NIE = ab$$

和传统 SEM 分析中将因果效应分为直接效应和间接效应类似，因果中介效应模型中因果总效应也可以分解为以下两部分：

$$TE = NDE - NIE_r$$

其中，NIE_r 表示的是当原因变量 T 逆向转变时(T 发生 $1 \to 0$ 的变化)的自然间接效应。在线性系统中，逆向转变其实相当于逆转"效应"的符号方向，因此，在线性系统中有：$TE = NDE + NIE$。此外，在这个式子中每一项都是独立定义的，因此在线性系统中可以直接相加(但是，注意，有些论文或研究中将自然间接效应定义为 $TE-NDE$，这实际上是先验地附加了"可加性"条件，并不表示 T 发生 $1 \to 0$ 的变化导致的效应，这样定义的后果是很难将应该归因于中介路径的"效应"和不应该归因于中介路径的"效应"进行比较)。

在很多研究中还可能用到另外两种"效应"的定义：纯粹间接效应(pure indirect effect, PIE)和自然交互效应(natural treatment-by-mediator interaction, NTMI)。与自然间接效应关注的是原因变量 $T = 1$ 的情形相对应，纯粹间接效应关注的是当原因变量 $T = 0$ 时，中介变量 M 对结果变量 Y 的因果关系，其表示为：

$$PIE = E[Y_{0, M_1} - Y_{0, M_0}]$$

自然间接效应和纯粹间接效应的差值叫自然交互效应(natural treatment-by-mediator interaction, NTMI)，衡量的是中介效应在 $T = 1$ 和 $T = 0$ 两组之间的差异，其表达式为：

$$NTMI = [Y(1, M(1)) - Y(1, M(0))] - [Y(0, M(1)) - Y(0, M(0))]$$
$$= Y(1, M_1) + Y(0, M_0) - Y(1, M_0) - Y(0, M_1)$$

不难发现，当因果中介效应模型中存在原因变量 T 和中介变量 M 的交互项时，在 $T = 1$ 组(实验组)中，自然间接效应衡量中介效应；在 $T = 0$ 组(控制组)中，纯粹间接效应衡量中介效应。

需要说明的是，在一些研究中，会用 $\bar{\delta}(t) \equiv E[Y_{t, M_1} - Y_{t, M_0}]$ 表示"平均因果中介效应"，不难发现 $\bar{\delta}(1)$ 即为上述"自然间接效应"，$\bar{\delta}(0)$ 即为"纯粹间接效应"。当存在交互效应时，$\bar{\delta}(1) \neq \bar{\delta}(0)$，而在没有交互相应存在时 $\bar{\delta}(t) = \bar{\delta}(1) = \bar{\delta}(0)$。

最后，我们用表 10.1 对上面介绍的几种效应进行简单总结。

表 10.1 因果中介分析常用表达式

因果总效应（TE）	$TE = E[Y_1] - E[Y_0] = NDE + NIE$
控制直接效应（CDE）	$CDM(M) = E[Y(1, M)] - E[Y(0, M)]$
自然直接效应（NDE）	$NDE = E[Y(1, M_0)] - E[Y(0, M_0)]$
自然间接效应（NIE）	$NIE = E[Y(1, M_1)] - E[Y(1, M_0)]$
纯粹间接效应（PIE）	$PIE = Y(0, M_1) - Y(0, M_0)$
自然交互效应（NTMI）	$NTMI = NIE - PIE$

进一步地，在前文分析中提到，上述表达式中存在部分不可观测变量 $Y(1, M_0)$ 和 $Y(0, M_1)$，而正如本书所强调的，因果推断方法的核心在于如何利用可观测变量信息估计潜在不可观测变量，因果中介效应分析也不例外，其核心思想仍是利用已知信息估计潜在结果，进一步利用上述表达式计算中介效应，更深入地研究会进行敏感性分析以检验估计结果的稳健性。因此，接下来我们首先介绍识别因果中介效应的假设条件。

第三节　识别因果中介效应的基本假设

基于上述因果关系图示，因果中介效应分析基于以下四个假设展开：

假设 1：在控制事前（发生在原因变量之前）可观测混淆变量后，T 和 Y 之间不存在不可观测混淆变量，Y 的潜在结果与 T 独立，记为 $T \perp Y(T, M) \mid C$。在这个假设下，Y 的潜在结果只取决于 T 和 M，T 的取值近似于随机实验，因此可以估计出 T 对 Y 的因果关系。在实际应用中，一般随机实验中的原因变量 T 的分配都是随机的，这一假设通常成立。

假设 2：在控制事前可观测混淆变量后，T 和 M 之间不存在不可观测混淆变量，M 的潜在结果与 T 独立，记为 $T \perp M(T) \mid C$。在这个假设下，M 的潜在结果只取决于 T，可以估计出 T 对 M 的因果关系。

假设 3：在控制事前可观测混淆变量和原因变量 T 后，Y 的潜在结果与中介变量 M 独立，记为 $M \perp Y(T, M) \mid T, C$。

假设 4：可能干扰 M 对 Y 因果关系的事后（发生在原因变量 T 之后）混淆变量 U 与 T 独立，记为 $U \perp T$。此假设是为了保证基于前三条假设估计出的因果中介关系不被与原因变量 T 相关的潜在混淆变量影响。

在实际应用中，尤其是一些关于因果中介效应理论的研究中，读者们可能会发现研究者们使用的假设与上述假设存在细微差异，对此，我们需要额外说明的几点是：

（1）在有些研究或文献中可能会看到将前两条假设组合在一起定义为"（给定协变量后）原因变量 T 可忽略性假设"，表示为 $\{Y(T, M), M(T)\} \perp T \mid C$。在实际应用中，这种定义和分开定义的差别并不大，对二者之间详细差别感兴趣的读者可以阅读 Imai et al (2010)的研究进行深入了解。

（2）上述假设 3 在有些研究中也被称为"（给定协变量和原因变量后）中介变量可忽略性假设"，将"原因变量可忽略性假设"和"中介变量可忽略性假设"结合起来称为"级序可忽略性假设（sequential ignorability）"。有些研究中会给出比假设 3 更为严格的假设：假设在控制可观测混淆变量、原因变量 T 以及事后（原因变量之后发生的）可观测混淆变量后，Y 的潜在结果与中介变量 M 独立，记为 $M \perp Y(T, M) \mid T, C, Z$。其中，$Z$ 表示会同时影响 M 和 Y 的事后可观测混淆变量。但是 Imai et al. (2010)证实了在不给定事后可观测混淆变量 Z 的条件下仍可以用非参数估计方法估计平均因果效应。

（3）由于假设 4 过于严格且并不现实，因此有些研究中并不额外给出假设 4。

同时，需要说明的是，这些假设在因果中介效应识别中是充分但并不必要的，在一些情形下，即使上述假设中有部分假设并不成立，或者可以进行部分放松，我们仍可以识别中介效应（Pearl，2013）。即便如此，我们仍要强调这些假设在因果中介分析中的重要性：只有在这些假设成立或部分成立条件下，我们才能够利用观测结果进行反事实推断。另外，就像我们无法真正检验双重差分的"共同趋势假设"是否成立一样，我们无法真正观测到个体的反事实结果，也无法真正检验上述假设条件是否成立，也因此，因果推断方法强调敏感性分析，旨在检验如果存在不可观测的混淆变量导致基本识别假设不成立时是否会对估计的因果中介效应产生较大干扰。

第四节　估计因果中介效应的策略

如果上述假设均满足，则因果中介效应识别的难题再次回归到"因果推断的基本问题"上来，即在上述定义下，我们无法直接观测到反事实结果 $Y(1, M_0)$ 和 $Y(1, M_0)$，也就无法估计自然直接效应和自然间接效应。因此，本小节中介绍加权法和模型法两种估计因果中介效应的策略。另外，在本小节最后，我们针对一种特殊情况下，说明上述假设如果不成立时，能否以及如何进行因果中介效应识别。

一、加权法

加权法的原理是即使我们无法观测到反事实结果 $Y(1, M_0)$ 和 $Y(1, M_0)$，我们也可以根据样本的分布情况推断出其出现的概率，并利用观测值及对应概率的信息最终得到总体平均值。加权法主要有两种思路：一种是 Judea Pearl（2014）提出的，先计算给定不同中介变量取值下直接控制效应，再根据不同中介变量取值概率赋权加总的思路；另一种是 Hong、Deutsch、Hill（2015）提出的 ratio-of-mediator-probability weighting（RMPW）方法，其思路是基于倾向得分加权计算反事实结果 $Y(1, M_0)$ 和 $Y(1, M_0)$，再利用自然效应公式计算。

Judea Pearl（2014）证明了，当中介效应模型满足上述四个假设条件时，因果总效应和控制直接效应是自然可识别的，同时自然效应可以写成以下两种形式：

$$\text{NDE} = \sum_m [E(Y \mid T = 1, M = m) - E(Y \mid T = 0, M = m)] P(M = m \mid T = 0)$$

$$NIE = \sum_m \left[P(M=m \mid T=1) - P(M=m \mid T=0) \right] E(Y \mid T=0, M=m)$$

这两个等式的右边都可以用样本观测数据及其分布情况估计。另外，根据上面两个式子，不难发现，NDE 是 CDE(m) 的加权平均，权重为 $P(M=m \mid T=0)$。这种方法比较直接明了，因为是在不同的 M 取值层面加总，无需考虑对于给定处置变量 T 的取值时，M 同样存在反事实的情况。

RMPW 方法则需要考虑给定处置变量 T 的取值时，M 和 Y 都存在反事实的情况。我们用 T 和 M 均为二分变量的例子，介绍 RMPW 方法。由于 T 和 M 均为二分变量。那么他们组合起来共有四种情况：$Y(1,1)$、$Y(1,0)$、$Y(0,1)$ 和 $Y(0,0)$，对应这四种情况，可以观测到 Y 的不同取值，此时，T、M 和 Y 均为可观测变量，可以基于上述四种情况分组并求其平均值。其中，M 仅由 T 和其他不可观测变量决定，上述四种情况中就会出现 $M(1)=1$、$M(1)=0$ 的情形，于是 $Y(1, M(1))$ 存在两种情形：$Y(1, M(1)=1)$、$Y(1, M(1)=0)$，因此可以将 $Y(1, M(1))$ 写成 $Y(1, M(1)=1)$ 和 $Y(1, M(1)=0)$ 的加权形式：

$$E[Y(1, M(1))] = E[Y(1, M(1)=1)] \times P[M(1)=1] \\ + E[Y(1, M(1)=0)] \times P[M(1)=0]$$

这样，等式右边的所有变量都能从样本中观测到，$P[M(1)=1]$ 即为 $M(1)=1$ 的个体在全样本中的比例。相应的，可以得到：

$$E[Y(0, M(0))] = E[Y(0, M(0)=1)] \times P[M(0)=1] \\ + E[Y(0, M(0)=0)] \times P[M(0)=0]$$

$$E[Y(1, M(0))] = E[Y(1, M(0)=1)] \times P[M(0)=1] \\ + E[Y(1, M(0)=0)] \times P[M(0)=0]$$

$$E[Y(0, M(1))] = E[Y(0, M(1)=1)] \times P[M(1)=1] \\ + E[Y(0, M(1)=0)] \times P[M(1)=0]$$

上述式子中，第一个式子的右边所有统计量均可从样本中观测到。但后面两个式子里，$Y(1, M(0)=1)$、$Y(1, M(0)=0)$、$Y(0, M(1)=1)$ 和 $Y(0, M(1)=0)$ 却是观察不到的：因为对于 $T=1$ 的个体，仅能观测到 $M(1)$ 的样本结果变量，对于 $T=0$ 的样本，仅能观测到 $M(0)$ 的样本结果变量。但是，我们可以利用直接能够观察得到的 $Y(1, M(1))$ 间接估计 $Y(1, M(0))$。具体思路为：

根据样本，可以用样本均值估计 $Y(1, M(1)=1)$ 的期望值：

$$E[Y(1, M(1)=1)] = \frac{\sum Y(1, M(1)=1)}{n}$$

将 $M=1$ 的个体看做一组，这个组由 $M(1)=1$ 和 $M(0)=1$ 两类个体组成，如果这两类个体是从 $M=1$ 的群体中随机抽取的，则可以利用 $M(1)=1$ 的那部分观测值来估计 $M(0)=1$ 的 Y 的取值。但二者往往不一样：前者为 $P[M(1)=1 \mid X=1]$，后者为 $P[M(0)=1 \mid X=0]$。因此，需要对二者被抽中的概率进行调整：对于 $M(1)=1$ 的个体，可以直接观测到其结果变量：$Y(1, M(1)=1)$，无法观测到 $Y(1, M(0)=1)$，但可以用概率比间接计算 $Y(1, M(0)=1)$ 期望值的估计值：

$$E[Y(1, M(0) = 1)] = \frac{\sum Y(1, M(1) = 1)(\frac{p(M(0) = 1 \mid X = 0)}{p(M(1) = 1 \mid X = 1)})}{n}$$

于是：

$$E[Y(1, M(0))] = E\left[Y(1, M(1) = 1)(\frac{p(M(0) = 1 \mid X = 0)}{p(M(1) = 1 \mid X = 1)})\right] \times P[M(0) = 1]$$

$$+ E\left[Y(1, M(1) = 0)(\frac{p(M(0) = 0 \mid X = 0)}{p(M(1) = 0 \mid X = 1)})\right] \times P[M(0) = 0]$$

$$E[Y(0, M(1))] = E\left[Y(0, M(0) = 1)(\frac{p(M(1) = 1 \mid X = 1)}{p(M(0) = 1 \mid X = 0)})\right] \times P[M(1) = 1]$$

$$+ E\left[Y(0, M(0) = 0)(\frac{p(M(1) = 0 \mid X = 1)}{p(M(0) = 0 \mid X = 0)})\right] \times P[M(1) = 0]$$

将这两个式子带入 NDE 和 NIE 定义式就可以直接进行计算。可以看到，RMWP 方法实际上是一种基于倾向得分的加权策略。

二、模型法

模型法的思路很简单：虽然无法直接观测到 $Y(1, M(0))$ 和 $Y(0, M(1))$，但是知道 Y 和 M 的决定方程模型，或者即便我们不知道 Y 和 M 的决定方程模型，却可以根据 Y 和 M 的样本分布推测其总体分布，因此可以借用模型预测或用统计推断方法预测这两个无法直接观测的统计量(Imai et al., 2011)。

假设 M 是原因变量 T 和一系列控制变量 C 的模型，Y 是原因变量 T、中介变量 M 和一系列控制变量 C 的模型，则：

$$M = f_M(T, C, e_1)$$
$$Y = f_Y(T, C, M, e_2)$$

如果可以假设 f_M 及 f_Y 的具体形式，同时确定回归结果的无偏性，则可以用常规的回归分析获得 $Y(1, M(0))$ 和 $Y(0, M(1))$ 的拟合值，将其带入 NDE 和 NIE 定义式同样可以进行因果中介分析。在更一般的情况下，我们担心模型设定存在问题或者识别假设可能并不满足，因此会导致预测结果出现偏误，此时 Imai et al., (2011)证实了，在满足"级序可忽略性假设"条件下，可以借助非参数回归模型模拟 M 和 Y 的潜在结果均值及潜在概率，并代入定义式得到中介效应的非参数估计值。注意，这里 M 和 Y 可以是离散的，也可以是连续变量。

三、残差回归法

模型法和加权法关注的是当因果中介效应假设均成立时，如何利用样本信息估计潜在反事实结果，而这里，我们介绍一个具体的例子说明当假设条件部分不成立时，如何进行因果中介效应识别。

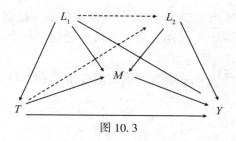

图 10.3

如图 10.3 所示，我们假设因果中介效应模型中，除了 T、M、Y 之外，存在随时间变化的混淆变量 L，同时假设共有两期数据，不同时期的 L 分别记为 L_1 和 L_2。中介效应主要关注控制 M 后，T 对 Y 的影响，L_2 和 M 同时会作用于 T 对 Y 的因果效应。这样一来，如果不控制 L_2，会导致间接效应(中介效应)估计存在偏误，但如果控制 L_2 则会导致 L_1 对 T 和 Y 同时有影响，对直接效应估计产生影响，这显然违反了前文的因果中介分析假设。Zhou and Wodtke(2018)提出的残差回归法(regression-with-residuals)可以解决上述问题，这个方法可以很好地处理中介因素与其他中介变量的交互效应。

残差回归具体步骤如下：

第一步：用 L_1 和 T 对 L_2 回归，得到残差项 $L_{2\text{res}} = L_2 - \hat{L}_2$；

第二步：用 $L_{2\text{res}}$、L_1、T、M 对 Y 进行拟合。假设 Y 是服从正态分布的连续变量，则有：

$$Y = \alpha_0 + \alpha_1 X + \alpha_2 L_l + \alpha_3 L_{2\text{res}} + M(\alpha_4 + \alpha_5 X + \alpha_6 L_l + \alpha_7 L_{2\text{res}}) + \tau$$

根据定义，可以计算控制直接效应为 $\hat{\alpha}_1 + M\hat{\alpha}_5$。直觉上，残差项 $L_{2\text{res}}$ 是在控制了 L_1 和 T 的信息后，L_2 中剩余的与 L_1 和 T 无关的那部分信息，控制 $L_{2\text{res}}$ 和 L_1 后，T 和 Y 的因果关系不存在除了 M 之外的混淆变量。也就是说，尽管在原始因果中介效应模型设定中，因果中介效应分析的识别假设并不成立，但是我们可以通过统计手段的处理使得转变后的因果中介效应模型的识别假设得以满足。

第五节 敏感性分析

正如本章一直强调的那样，与传统 SEM 中介分析方法相比，因果中介效应分析以潜在结果和反事实分析为基础，由于无法真正意义上确定是否不存在潜在不可观测混淆变量，因此对于因果中介效应分析，甚至所有的因果效应识别而言，都应当给予敏感性分析更多的关注。所谓的敏感性分析，就是指通过一些方法估计出某一因果关系后，进一步通过一些统计手段，判断这一因果关系对于其他潜在不可观测混淆变量的敏感程度。根据用于检验的变量的参数个数，可以将敏感性检验分为两种，一种是单参数法，一种是双参数法。由于本章主要介绍因果中介效应分析，因此，本小节在介绍常用的单参数法和双参数法敏感性检验方法基础上，进一步介绍因果中介效应分析中的敏感性检验方法。

一、单参数法

单参数法敏感性检验用单个变量衡量混淆变量对因果关系的影响。仍然假设原因变量

T 为二分变量，$T=1$ 的个体为处置组个体，$T=0$ 的个体为控制组个体。对于总体而言，每个个体进入控制组的概率为 P，（用一系列混淆变量估计每个人进入控制组或处置组的概率 p 即为前面章节中介绍的倾向值）。

对于个体 i 和个体 j，借助 logit 模型用可观测变量 T 和不可观测混淆变量 u 估计其倾向，模型设定如下：

$$\log\left(\frac{P_i}{1 - P_i}\right) = \beta T_i + \gamma u_i$$

$$\log\left(\frac{P_j}{1 - P_j}\right) = \beta T_j + \gamma u_j$$

其中，$\dfrac{P_i}{1 - P_i}$ 表示个体 i 进入实验组的发生率。因此，个体 i 和个体 j 进入实验组的概率比为：

$$\frac{\dfrac{P_i}{1 - P_i}}{\dfrac{P_j}{1 - P_j}} = \exp\left[\beta(T_i - T_j) + \gamma(u_i - u_j)\right]$$

假设 $T_i = T_j$，如果 $u_i \neq u_j$ 仍然会导致个体 i 和个体 j 的倾向值不一致。

观察上述式子，当 $T_i = T_j$ 时，令 u 也为二分变量，取值为 0 或 1，则有 $(u_i - u_j) \in [-1, 1]$，于是可以得到个体 i 和个体 j 进入实验组的概率比的取值范围为：

$$\frac{\dfrac{P_i}{1 - P_i}}{\dfrac{P_j}{1 - P_j}} \in \left[\frac{1}{e^\gamma},\ e^\gamma\right]$$

此时，如果 Y 是二分变量，可以借助 McNemar 检验进行敏感性分析；如果 Y 为连续变量，则可以用 Wilcocon Signed Rank Test 进行敏感性分析。

首先介绍 McNemar 检验，这个检验只针对二分变量。以上述假设为基础，McNemar 检验的第一步是先用可观测特征将处置组和控制组样本进行匹配，进一步利用匹配后的样本进行假设检验，因为 T 和 Y 均为二值变量，因此共有 4 种不同的组合，如表 10.2 所示。

表 10.2

	$T=1,\ Y=0$	$T=1,\ Y=1$
$T=0,\ Y=1$	A	B
$T=0,\ Y=0$	C	D

对于 B 组的样本而言，无论原因变量 T 的取值是多少，其结果变量 Y 均取值为 1；同样对于 C 组的样本而言，无论原因变量 T 的取值是多少，其结果变量 Y 均取值为 0，因此，在估计原因变量 T 对 Y 的因果效应时，这两组样本提供的信息较少。因此，我们主

要关注真正在估计因果效应中起作用的 A 组和 D 组的样本。

McNemar 检验的原假设为 T 和 Y 之间不存在因果关系，因果效应为 0。匹配后的样本分布中，在原假设成立的条件下，A 组和 D 组的这些个体进入 A 组还是进入 D 组的概率应该相同，都为 0.5。于是可以根据样本中 A 组和 D 组个体的分布情况估计出实际样本分布出现的概率，假设 A 组和 D 组共有 N 个样本，其中 A 组样本量为 N_A，则实际样本分布出现的概率可以表示为：

$$p_{\text{sample}} = \sum_{k=N_A}^{N} \binom{N}{k} 0.5^k 0.5^{N-k}$$

进一步，因为可能存在潜在混淆变量，令个体进入 A 组的概率为 q，混淆变量对 q 的影响用 γ 表示，借助 logit 模型并进行上述同样的代数变化可得：

$$\frac{\frac{q_i}{1-q_i}}{\frac{q_j}{1-q_j}} \in \left[\frac{1}{e^\gamma}, e^\gamma\right]$$

$$q_i \in \left[\frac{1}{1+\gamma}, \frac{\gamma}{1+\gamma}\right]$$

于是，基于样本分布可以得出两个端点值关于 γ 的表达式：

$$\left[\sum_{k=N_B}^{N} \binom{N}{k}\left(\frac{1}{1+\gamma}\right)^k\left(\frac{1}{1+\gamma}\right)^{N-k}, \sum_{k=N_B}^{N} \binom{N}{k}\left(\frac{\gamma}{1+\gamma}\right)^k\left(\frac{\gamma}{1+\gamma}\right)^{N-k}\right]$$

给定不同的 γ 值，将样本分布情况带入上述两个端点的表达式即可得出拒绝原假设的概率区间。

Wilcocon Signed Rank Test 同样使用匹配的样本，每组配对中的个体一个来自处置组，一个来自控制组，用每个处置组个体的结果变量 Y 减去其对应的控制组个体的结果变量 Y，并将差值排序，并将处置组 Y 值大于控制组 Y 值的那些配对的顺序序号加起来，可以得到统计量 T，可以证明，在原假设下（T 对 Y 无影响）T 服从正态分布：

$$T \sim N\left[w * \frac{N(N+1)}{2}, w(1-w) * \frac{N(N+1)(2N+1)}{6}\right]$$

其中，w 为：每一个匹配对下，实验组大于控制组的概率，原假设下，$w = 0.5$，T 服从 $N\left[\frac{N(N+1)}{4}, \frac{N(N+1)(2N+1)}{24}\right]$。

和 McNemar 检验的思路一致，我们关心的问题是未观测混淆变量会干扰原因变量对结果变量关系的估计，为了检验方便，我们仍假设存在这一未观测混淆变量，其对因果关系估计的影响仍通过干扰 w 体现，和 McNemar 检验一样，我们仍可以得到 w 的一个取值区间 $\left[\frac{1}{1+\gamma}, \frac{\gamma}{1+\gamma}\right]$，带入到 T 统计量的分布中，同样可以得到原假设分布下的两个极端情形，从而观察不同 γ 取值时上下界的 w 取值。

二、双参数方法

双参数方法用两个参数表示混淆变量对因果效应的影响。仍假设潜在未观测变量 u 对

个体接受处理变量的影响为 γ, 其他可观测混淆变量的系数为 β, 则倾向值的拟合方程为:

$$\log\left(\frac{P(D=1)_i}{1-P(D=1)_i}\right) = \beta T_i + \gamma u_i$$

同时, 假设结果变量为 Y, 可以是连续变量, 也可以是离散变量。以连续变量为例, 假设模型为:

$$E(Y) = \tau D + T\rho + \delta u$$

其中, u 服从 $N(0, \sigma^2)$, u 对 Y 的影响通过 γ 和 δ 体现。双参数方法敏感性分析的思路是: γ 和 δ 如何变化后, τ 在统计上不显著。检验思路为, 构建似然函数的对数:

$$\sum_{i=1}^{N} \ln\left[\frac{1}{2}\left(\frac{1}{\sqrt{2\pi\sigma^2}} \times eTp\left(-\frac{1}{2\sigma^2}(Y_i - \tau D_i + X_i\rho)^2\right) \times \frac{eTp(\beta X_i)^{D_i}}{1 + eTp(\beta X_i)} + \frac{1}{2}\left(\frac{1}{\sqrt{2\pi\sigma^2}}\right)\right.\right.$$
$$\left.\left. \times eTp\left(-\frac{1}{2\sigma^2}(Y_i - \tau D_i + X_i\rho - \delta)^2\right) \times \frac{\exp(\beta X_i + \gamma)^{D_i}}{1 + \exp(\beta X_i + \gamma)}\right)\right]$$

对上述似然函数对数求最大值, 可以将 τ 写为 γ 和 δ 的函数, 即可观测在不同 γ 和 δ 取值情况下, τ 的估计量的变化。

三、因果中介效应敏感性分析

现有的因果中介效应敏感性分析多是基于标准的线性结构模型(LSEM)框架进行分析的。回忆我们在本章第一节中关于标准线性结构模型的定义, Imai 等(2011)证明了 LSEM 中, 因果中介效应假设 3 是否成立取决于 LSEM 中的后两个总体回归方程的误差项是否相关。基于此, 提出了一种敏感性分析估计量:

$$\rho \equiv \text{Corr}(\varepsilon_M, \varepsilon_Y)$$

$\rho \neq 0$ 意味着遗漏变量的存在导致了即使在给定 T 的值的前提下 M 和 Y 的观测值也存在相关性。这在直觉上很好理解: 假设存在一个未观测的混淆变量会干扰中介效应, 则这个混淆变量可以通过影响 f_M 和 f_Y 最终影响到中介效应分析结果, 具体表现为, 这两个模型的随机扰动项会因这个混淆变量产生联系, 联系越强, 混淆性越大。这样一来, 我们就可以通过观察两个随机扰动项之间联系强度与因果效应之间的关系进行敏感性分析。具体地, Imai et al. (2011)证明了当原因变量 T 是随机分配的时候, 平均因果中介效应可以写成是 ρ 的表达式。

在误差项相关性敏感性分析基础上, Imai 等(2011)提出了两种基于回归决定系数的敏感性分析估计量。其思路是: 假设存在一个事前未观测混淆变量 U_i, 则可以将 LSEM 中的后两个方程的误差项分解为以下形式:

$$\varepsilon_{ij} = \lambda_j U_i + \varepsilon'_{ij}$$

于是有:

$$R_M^{2*} \equiv 1 - \frac{\text{VAR}(\varepsilon'_{iM})}{\text{VAR}(\varepsilon'_{iM})}$$

$$R_Y^{2*} \equiv 1 - \frac{\text{VAR}(\varepsilon'_{iY})}{\text{VAR}(\varepsilon'_{iY})}$$

表示的是先前未解释方差中由 U_i 解释的比例。

另一种是原始方差中由 U_i 解释的比例：

$$\widetilde{R}_M^2 \equiv \frac{\text{VAR}(\varepsilon_{iM}) - \text{VAR}(\varepsilon'_{iM})}{\text{VAR}(M_i)} = (1 - R_M^2)R_M^{2*}$$

$$\widetilde{R}_Y^2 \equiv \frac{\text{VAR}(\varepsilon_{iY}) - \text{VAR}(\varepsilon'_{iY})}{\text{VAR}(Y_i)} = (1 - R_Y^2)R_Y^{2*}$$

Imai 等（2011）证明了：

$$\rho^2 = R_M^{2*}R_Y^{2*} = \widetilde{R}_M^2\widetilde{R}_Y^2 / \{(1 - R_M^2)(1 - R_Y^2)\}$$

等价地：

$$\rho = \text{sgn}(\lambda_2\lambda_3)R_M^{2*}R_Y^{2*} = \frac{\text{sgn}(\lambda_2\lambda_3)\widetilde{R}_M^2\widetilde{R}_Y^2}{\sqrt{(1 - R_M^2)(1 - R_Y^2)}}$$

$\text{sgn}(\lambda_2\lambda_3)$：表示 λ_2、λ_3 的符号相似还是相反。

因此，平均因果中介效应也可以表示为是两种基于决定系数变量的函数。可以通过不同决定系数取值与计算得来的平均因果中介效应的关系进行敏感性分析。

第六节　因果中介分析的应用例子

现在已有很多可以进行中介效应分析的软件：R、SPSS、stata 等都可以进行因果中介效应分析。特别地，在 stata 软件中已有"mediation""medeff"和"medsens"命令，读者可以很方便地用该命令进行因果中介效应分析和敏感性检验。因此，在本章的最后，我们援引 Imai et al. （2010a）在 *Identification*，*Inference and Sensitivity Analysis for Causal Mediation Effects* 中使用的 Nelson et al. （1997）的研究例子，演示因果中介效应分析的实际应用。

Nelson 等（1997）的研究中讨论了媒体关于政治议题的框架（T）对公民政治意见（Y）的影响。他们假设了这样的逻辑：同样的新闻，不同的框架 T→更一般事件的态度 M（M_1：对言论自由相关议题的态度；M_2：对公共秩序维护相关话题的态度）→公民政治容忍度（对三 K 党集会的态度）Y。

于是，他们进行了如下的实验：将学生分为两组，给他们播放具有不同框架的同样的新闻：新闻 1 中将三 K 党集会看做是言论自由的相关事件；新闻二中将三 K 党集会视为可能会对公共秩序造成破坏的事件。让两组学生填写问卷计算其对言论自由相关议题重要性的态度、对公共秩序维护相关话题的态度以及政治容忍度 Y。最终得到了如表 10.3 所示的样本。

在 Nelson、Clawson and Oxley（1997）的研究中，他们使用的是基于 LSEM 的传统中介分析方法，研究表明：观看自由言论框架的受试者对三 K 党的容忍度更高，同时证明了新闻框架通过改变受试者的一般态度（general attitudes）影响了其对三 K 党的容忍度。Imai、Keele and Yamamoto（2010a）在此基础上用中介效应分析对公共秩序这一中介进行了分析。表 10.4 给出了因果中介效应分析和基于 LSEM 和非参估计的结果。前三行假设 M 和 T 存在交互项的情形，结果发现，无论传统中介效应估计还是因果中介效应估计，公共秩序框架组的平均中介效应低于自由言论框架组，实际上在因果中介效应估计中，95%的置信区间里公共秩序框架组的平均因果中介效应包含了 0。但是，并没有可以拒绝原假设 $\bar{\delta}(1) = \bar{\delta}(0)$（即两组平均中介效应相同）的证据，因此使用无交互项模型比较合适，后两行展示的是无交互项模型估计结果。

表 10.3

变量	不同媒体框架的分组				ATE(s. e.)
	公共秩序		自由言论		
	均值	标准差	均值	标准差	
自由言论重要性	5.25	1.43	5.49	1.35	-0.231 (0.239)
公共秩序重要性	5.43	1.73	4.75	1.80	0.647 (0.303)
对三 K 党的容忍度	2.59	1.89	3.13	2.07	-0.540 (0.340)
样本量	69		67		

表 10.4

	基于 LSEM 参数估计	因果中介效应非参数估计
平均中介效应		
自由言论框架组	-0.566	-0.596
	[-1.081, -0.050]	[-1.168, -0.024]
公共秩序框架组	-0.451	-0.374
	[-0.871, -0.031]	[-0.823, 0.074]
平均总效应	-0.540	-0.540
	[-1.207, 0.127]	[-1.206, 0.126]
模型中不包含交互项		
平均中介效应（两组相同）	-0.510	
	[-0.969, -0.051]	
平均总效应	-0.540	
	[-1.206, 0.126]	

但是，在这个例子中，Nelson 等（1997）只随机化了新闻的分配，无法随机化测试者的政治态度→可能存在混淆 M 和 Y 的关系（例如：政治意识形态可能会同时影响相同处置

状态下个体"对公共秩序维护相关话题的态度"和"对三 K 党集会的态度")→可能违反因果识别的假设，因此 Imai 等（2010a）进行了敏感性分析。结果如图 10.4 所示。

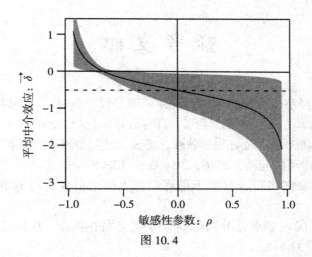

图 10.4

图 10.4 是基于残差相关性的敏感性分析。可以看到：原始平均因果中介效应估计量的方向只有在 $\rho < -0.68$ 的时候才会发生改变。这说明，即使实际情况与 M 的可忽略性假设有较大偏离，原来的结论也是可靠的。甚至当考虑了样本波动性之后，结果依然是稳健的：置信区间只在 $-0.79 < \rho < -0.49$ 时才包含 0。

参 考 文 献

[1]陈强 . 高级计量经济学及 Stata 应用. 北京：高等教育出版社，2014.

[2]陈强 . 计量经济学及 Stata 应用. 北京：高等教育出版社，2015.

[3]洪永森，方颖，陈海强，范青亮，耿森，王云 . 计量经济学与实验经济学的若干新近发展及展望. 中国经济问题，2016，295（02）：126-136.

[4]章元，陆铭 . 社会网络是否有助于提高农民工的工资水平？. 管理世界，2009（03）：45-54.

[5]陈林，伍海军 . 国内双重差分法的研究现状与潜在问题. 数量经济技术经济研究，2015，32（07）：133-148.

[6]郭峰，熊瑞祥 . 地方金融机构与地区经济增长——来自城商行设立的准自然实验. 经济学（季刊），2018，17（01）：221-246.

[7]叶芳，王燕. 双重差分模型介绍及其应用. 中国卫生统计，2013（2）：131-134.

[8]周黎安，陈烨 . 中国农村税费改革的政策效果：基于双重差分模型的估计. 经济研究，2005，040（008）：44-53.

[9]李文钊 . 因果推理中的科学模型——反事实、选择性偏差与赫克曼结构计量经济学模型. 实证社会科学，2018，6（02）：72-88.

[10]邱嘉平 . 因果推断实用计量方法 . 上海：上海财经大学出版社，2020：7.

[11]陈瑞，郑毓煌，刘文静 . 中介效应分析：原理，程序，Bootstrap 方法及其应用. 营销科学学报，2013（4）：120-135.

[12]范子英，李欣 . 部长的政治关联效应与财政转移支付分配. 经济研究，2014，49（06）：129-141.

[13]方杰，张敏强 . 中介效应的点估计和区间估计：乘积分布法、非参数 Bootstrap 和 MCMC 法. 心理学报，2012，44（10）：1408-1420.

[14]温忠麟，侯杰泰，张雷 . 调节效应与中介效应的比较和应用. 心理学报，2005，37（2）：268-274.

[15]温忠麟，叶宝娟 . 中介效应分析：方法和模型发展. 心理科学进展，2014，22（05）：731-745.

[16]温忠麟，张雷，侯杰泰，刘红云 . 中介效应检验程序及其应用. 心理学报，2004，36：614-620.

[17]张川川，李涛 . 网络与文化双重视角下的宗族与创业：影响与机制. 经济研究，2016，工作论文.

[18]Acemoglu D，Johnson S，Robinson J A. The colonial origins of comparative development：

An empirical investigation. American economic review, 2001, 91(5): 1369-1401.

[19] Angrist J D, Evans W N. Children and Their Parents' Labor Supply: Evidence from Exogenous Variation in Family Size. American Economic Review, 1998: 450-477.

[20] Berkowitz D, Caner M, Fang Y. The validity of instruments revisited. Journal of Econometrics, 2012, 166(2): 255-266.

[21] Conley T G, Hansen C B, Rossi P E. Plausibly exogenous. Review of Economics and Statistics, 2012, 94(1): 260-272.

[22] Hansen L P. Large sample properties of generalized method of moments estimators. Econometrica: Journal of the Econometric Society, 1982: 1029-1054.

[23] Hausman J A, Taylor W E. Panel data and unobservable individual effects. Econometrica: Journal of the Econometric society, 1981: 1377-1398.

[24] Hausman J A. Specification tests in econometrics. Econometrica: Journal of the econometric society, 1978: 1251-1271.

[25] Kraay A. Instrumental variables regressions with uncertain exclusion restrictions: a Bayesian approach. Journal of Applied Econometrics, 2012, 27(1): 108-128.

[26] Munshi K. Networks in the modern economy: Mexican migrants in the US labor market. The Quarterly Journal of Economics, 2003, 118(2): 549-599.

[27] Qian N. Missing women and the price of tea in China: The effect of sex-specific earnings on sex imbalance. The Quarterly Journal of Economics, 2008, 123(3): 1251-1285.

[28] Sargan J D. The estimation of economic relationships using instrumental variables. Econometrica: Journal of the econometric society, 1958: 393-415.

[29] Ashenfelter O. Estimating the effect of training programs on earnings. The Review of Economics and Statistics, 1978: 47-57.

[30] Ashenfelter O, Card D. Using the Longitudinal Structure of Earnings to Estimate the Effect of Training Programs. The Review of Economics and Statistics, 1985: 648-660.

[31] Cameron A C, Miller D L. A practitioner's guide to cluster-robust inference. Journal of human resources, 2015, 50(2): 317-372.

[32] Cengiz D, Dube A, Lindner A, et al. The effect of minimum wages on low-wage jobs. The Quarterly Journal of Economics, 2019, 134(3): 1405-1454.

[33] De Chaisemartin C, d'Haultfoeuille X. Fuzzy differences-in-differences. The Review of Economic Studies, 2018, 85(2): 999-1028.

[34] Bertrand M, Duflo E, Mullainathan S. How much should we trust differences-in-differences estimates?. The Quarterly journal of economics, 2004, 119(1): 249-275.

[35] Moser P, Voena A. Compulsory licensing: Evidence from the trading with the enemy act. American Economic Review, 2012, 102(1): 396-427.

[36] Moulton B R. An illustration of a pitfall in estimating the effects of aggregate variables on micro units. The review of Economics and Statistics, 1990: 334-338.

[37] Wang J. The economic impact of special economic zones: Evidence from Chinese

municipalities. Journal of development economics, 2013, 101: 133-147.

[38] Arabmazar A, Schmidt P. An investigation of the robustness of the Tobit estimator to non-normality. Econometrica: Journal of the Econometric Society, 1982: 1055-1063.

[39] Berk, Richard A. Causal inference for sociological data. Lieberson, 1985.

[40] Heckman J. Shadow prices, market wages, and labor supply. Econometrica: journal of the econometric society, 1974: 679-694.

[41] Heckman J J. The common structure of statistical models of truncation, sample selection and limited dependent variables and a simple estimator for such models//Annals of economic and social measurement, volume 5, number 4. NBER, 1976: 475-492.

[42] Heckman J J. Sample selection bias as a specification error. Econometrica: Journal of the econometric society, 1979: 153-161.

[43] Heckman J J, Robb Jr R. Alternative methods for evaluating the impact of interventions: An overview. Journal of econometrics, 1985, 30(1-2): 239-267.

[44] Heckman J J, Ichimura H, Smith J A, et al. Characterizing selection bias using experimental data, 1998.

[45] Baron R M, Kenny D A. The moderator-mediator variable distinction in social psychological research: Conceptual, strategic, and statistical considerations. Journal of personality and social psychology, 1986, 51(6): 1173.

[46] Judd C M, Kenny D A. Process analysis: Estimating mediation in treatment evaluations. Evaluation review, 1981, 5(5): 602-619.

[47] Hayes A F. Beyond Baron and Kenny: Statistical mediation analysis in the new millennium. Communication monographs, 2009, 76(4): 408-420.

[48] MacKinnon D P, Lockwood C M, Hoffman J M, et al. A comparison of methods to test mediation and other intervening variable effects. Psychological methods, 2002, 7(1): 83.

[49] MacKinnon D P, Fairchild A J, Fritz M S. Mediation analysis. Annual review of psychology, 2007, 58: 593-614.

[50] MacKinnon D P, Krull J L, Lockwood C M. Equivalence of the mediation, confounding and suppression effect. Prevention science, 2000, 1(4): 173-181.

[51] Preacher K J, Hayes A F. Asymptotic and resampling strategies for assessing and comparing indirect effects in multiple mediator models. Behavior research methods, 2008, 40(3): 879-891.

[52] Preacher K J, Rucker D D, Hayes A F. Addressing moderated mediation hypotheses: Theory, methods, and prescriptions. Multivariate behavioral research, 2007, 42(1): 185-227.

[53] Sobel M E. Asymptotic confidence intervals for indirect effects in structural equation models. Sociological methodology, 1982, 13: 290-312.

[54] Sobel M E. Direct and indirect effects in linear structural equation models. Sociological Methods & Research, 1987, 16(1): 155-176.

[55]Tofighi D, MacKinnon D P. RMediation: An R package for mediation analysis confidence intervals. Behavior research methods, 2011, 43(3): 692-700.

[56]Zhao X, Lynch Jr J G, Chen Q. Reconsidering Baron and Kenny: Myths and truths about mediation analysis. Journal of consumer research, 2010, 37(2): 197-206.